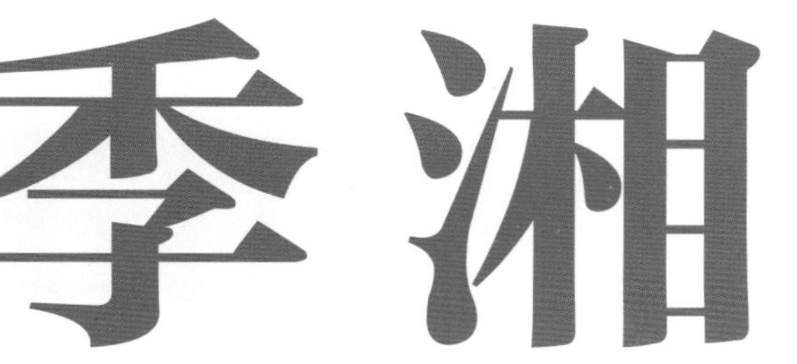

潇湘四季

XIAOXIANG SIJI

本书编写组 编著

湖南教育出版社
·长沙·

春 夏 秋 冬

图书在版编目（CIP）数据

潇湘四季 / 本书编写组编著 . —长沙：湖南教育出版社，2023.9
ISBN 978-7-5539-9358-4

Ⅰ . ①潇… Ⅱ . ①本… Ⅲ . ①风俗习惯—介绍—湖南
Ⅳ . ① K892.464

中国版本图书馆 CIP 数据核字（2022）第 239164 号

潇湘四季
XIAOXIANG SIJI

责任编辑：黄善灵　汪文达
责任校对：杨玖武
装帧设计：杨发凯
出版发行：湖南教育出版社（长沙市韶山北路 443 号）
网　　址：www.hneph.com
微 信 号：湖南教育出版社
电子邮箱：hnjycbs@sina.com
客服电话：0731 – 85486979
经　　销：全国新华书店
印　　刷：湖南省众鑫印务有限公司
开　　本：890 mm × 1240 mm　32 开
印　　张：13.75
字　　数：390 000
版　　次：2023 年 9 月第 1 版
印　　次：2023 年 9 月第 1 次印刷
书　　号：ISBN 978-7-5539-9358-4
定　　价：108.00 元

目录

春

夏

华夏河山，千秋不改；潇湘沃土，四时周回。

远在一万两千多年前的旧石器时代晚期，上古先民便开始在湘江流域、洞庭湖畔播种稻谷，狩猎野兽，采集果实。数千年间，他们告别了茹毛饮血、幕天席地的原始生活，在华夏文明曙光初现之刻，于湖湘大地构木为巢，结草为庐，成了这片热土真正的主人。湖南之地，江南岭北，三湘热土，襟带江湖。『湖广熟，天下足』，先民千万年不倦地耕耘和经营，使得荆湘地区成了中国的鱼米仓。华夏人文初祖之一的神农炎帝，就被一些学者认为祖居在湖南会同县连山地区。炎帝号烈山氏，烈山的意思是烧山肥田，刀耕火种，由此可见湖南悠久的农业传统。

『民之大事在农』。古人在从以长江黄河为本的两大文明发祥地向外开拓的过程中，逐渐意识到了解自然、掌握季节交替规律，有助于人与自然的和谐共存。山川草木，走兽飞禽，鱼虫花鸟，雨雪风云，通过对这些自然事物的长期观察，我们的祖先总结归纳出了干支历、二十四节气和七十二候等能够比较客观地反映四季更迭、物象演替的历法，在很长的历史时期内，七十二候都扮演着指导农事、促进生产的重要角色。

七十二候最早记载于两千多年前成书的《逸周书·时训解》。五日称候，三候化气，六气成时，四时为岁。一年分为二十四节气，共七十二候。每候与一种物候现象相应，称为候应。

春生夏长，秋收冬藏。七十二候不只作为历法的补充，更常被当作农事的时序表。数千年来对节气时令的重视，早已融汇于华夏民族的血脉，而与之相关的饮食、起居、节庆和习俗，灿若繁星，不胜枚举。我国幅员辽阔，地理人文环境多样，七十二候传入各地后，又与当地的地理现实、社会风情相结合，产生了更加异彩纷呈的局面。

可以说，历经岁月积淀，七十二候处处浸透着传统文化的精神气韵和深厚内涵。数千年来，七十二候与湖南本地壮阔雄奇、斑斓瑰丽的自然景观与人文风俗相互碰撞、激荡、熔融，使得一幅韵味悠长隽永的四季画卷，伴着寒来暑往，在我们眼前铺陈开来。

春。春，出也，万物之出也。从日艸屯。日艸屯者，得时艸生也。屯字象艸木之初生。属木，色青，主东方。

一元复始，万象更新，先民仰观天象，俯眺山川，远在文明之火燧起的前夜，便体悟到万物都在春季孕育繁衍之理。汉字创生之后，这种生命体验便自然地融入『春』字的筋骨之中。湖湘大地的先民们所用的鸟篆体，浸满了奇瑰超逸的生命力与古拙的美感。篆书春字由『日』『艸』『屯』三部构形，象征草木在春曦中萌发。春天对应五行中的木，代表色是青色，代表方位是东方。

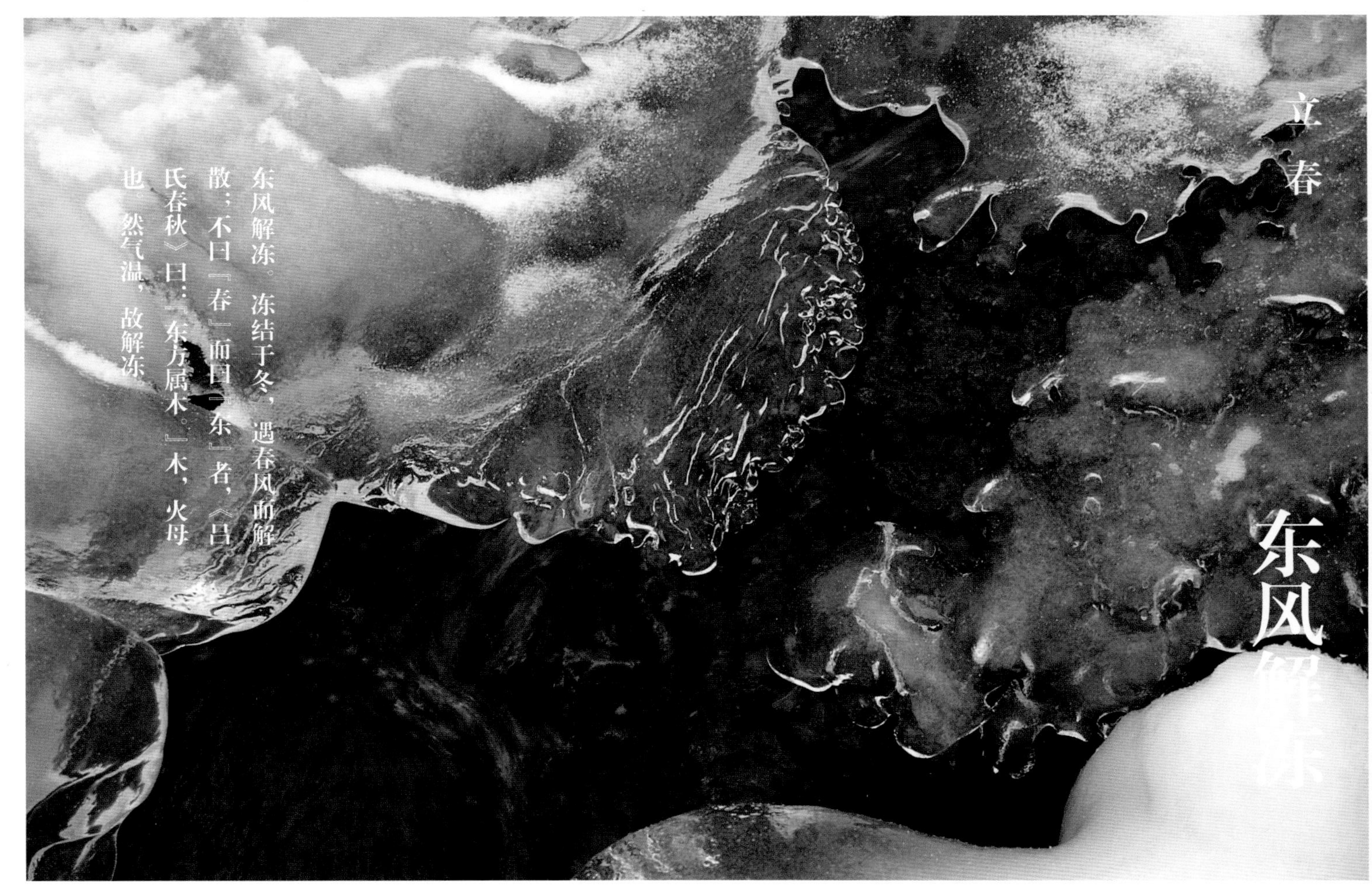

立春

东风解冻

东风解冻。冻结于冬，遇春风而解散；不曰『春』而曰『东』者，《吕氏春秋》曰：『东方属木。』木，火母也，然气温，故解冻

第一候　东风解冻

东风解冻是全年的第一候。冬季河川冻结，春风一至，冰雪消融。之所以叫『东风解冻』而不称为『春风解冻』，是因为《吕氏春秋》所记述的传统五行思想认为，东方属木。五行相生，木生火。这正照应了天气逐渐转暖的事实，江河大地也因此而解冻。

宝历开新岁，春回斗柄东。
漪生天际水，冻解日边风。
浩荡依蘋起，侵寻带雪融。
江河霜练静，池沼玉奁空。
鱼藻雍容里，云霄俯仰中。
更无舟楫碍，从此百川通。

拟郡学试东风解冻　［宋］秦观

秦观是北宋著名文学家，苏门四学士之一，诗文俱佳，又工辞赋。他一生仕途坎坷，曾左迁郴州任职，同闻名于世的三绝碑关系密切，与湖南颇具渊源。这首诗以第一候东风解冻为题，描述了北斗东指，春风化冻，江河湖海冰雪消融，百川畅流无阻，舟船开始畅行的景象。

【鸟兽】 华南兔

华南兔原产于中国长江以南地区，兔形目，兔属，草食动物，在湖南的山区和丘陵地带均有分布。

华南兔较草兔略小，耳朵也较短小。尾长只有后足的一半长，体毛粗且硬，毛色略深，尾巴背面呈灰黑色，腹面呈淡灰褐色或土黄色。华南兔夜间较为活跃，白天也活动，但常隐藏于灌木丛和杂草中，一年中除冬季最冷的月份外均可繁殖。二月后日照逐渐增强、气温回暖，华南兔活动日趋活跃。

【草木】 稻

稻，禾本目稻属，稻属中地位最重要历史最悠久的一种粮食作物，分为亚洲型栽培稻和非洲型栽培稻，湖南俗称水稻。全世界有半数以上人口以稻米为主食。湖南是中国水稻种植面积最大的省份之一，全省水稻种植面积约为四百万公顷。

目前掌握的生物学证据显示，野生稻可能在大约八千五百年前在长江中下游地区被驯化为粳稻，之后与黍、杏、桃等作物一起由商人和农民传到印度。粳稻通过与野生稻的杂交于约三千九百年前在恒河流域转变为籼稻，后又传回长江中下游地区。

【风物】 长沙火宫殿

长沙火宫殿，又名乾元宫，位于长沙市坡子街，始建于明万历五年（一五七七），距今已有四百四十余年历史。道光六年（一八二六）重修。火宫殿附有火神庙、财神庙、弥陀阁、普慈阁等殿宇，面积六千余平方米。文夕大火中，殿宇被焚毁殆尽，虽然于一九四一年重修，但仅恢复火神庙，其余部分则搭建了很多棚屋，逐渐成为商贩云集之处。新中国成立后几经修缮，二〇〇一年前后又进行改扩建工程，重塑火神像，恢复火神庙、古戏台，漆饰火宫殿牌楼，并增设石牌坊等。

火宫殿是湖南长沙集传统民俗文化、火庙文化、饮食文化于一体的具有代表性的大众场所，特别是火宫殿的风味小吃享誉三湘。

【民俗】咬春

在立春时节，传统上有『咬春』的习俗。古时皇帝在立春日都要以『春盘』赐予近臣；吃『三生菜』，也就是三种生菜，取其『生』字，蕴涵万物生长之意；以葱、韭菜、蒜、蓼蒿、芥菜五种辛嫩之菜杂和作食，称为『五辛盘』，取迎新之意。后来民间往往以萝卜代替，据说是取古人『咬得草根断，则百事可做』之意。萝卜有『小人参』之誉，便于种植，营养丰富，有益健康，是冬春两季最为重要的蔬菜之一。此外，『咬春』的习俗还包括吃春饼、春卷等，唐代《四时宝镜》中记载：『立春，食芦、春饼、生菜，号「菜盘」。』可见此习俗由来已久。湖南长沙、湘潭等很多地方，都会在立春吃萝卜和春卷。

立春

蛰虫始振

蛰虫始振。蛰，藏也；振，动也。密藏之虫，因气至，而皆苏动之矣。鲍氏曰：『动而未出，至二月，乃大惊而走也。』

第二候　蛰虫始振

蛰，是休眠的意思；振，是萌动的意思。冬季休眠的各种爬虫，因为感受到天气的回暖，都开始复苏，身体处于苏醒前的萌动状态。鲍氏说：『虽然开始萌动但没有到外界活动，要等到二月（春雷炸响），才会受惊而醒，从蛰伏的地方跑出来。』

旧俗欢犹在，怜君恨独深。
新年向国泪，今日倚门心。
岁去随湘水，春生近桂林。
流莺且莫弄，江畔正行吟。

酬郭夏人日长沙感怀见赠　［唐］刘长卿

刘长卿，字文房，唐代著名诗人，曾被贬至长沙任职。题中『人日』指的是人节，又称人七日，常在立春前后。相传女娲七天造出各种生灵，第七天造人，因此正月第七天是人类的生日。诗人在这首诗中表达了自己左迁的宦游之苦，也描写了早春湘江之滨的风物。

【鸟兽】 东方白鹳

东方白鹳，鹳科鹳属，大型涉禽，国家一级保护野生动物。它在东北的中、北部繁殖，越冬地主要在长江下游及其以南地区，湖南河湖地带有分布。

东方白鹳嘴长而粗壮，黑色，底部略有淡紫色或深红色。眼睛周围、眼线和喉部呈红色，眼睛粉红色，外圈黑色。羽毛纯白为主，翅膀外侧羽毛部分呈黑色，并具有绿色或紫色的光泽。前颈的下部有披针形的长羽，在求偶炫耀的时候能竖立起来。腿、脚修长，鲜红色。此鸟主要栖息于开阔而偏僻的平原、草地和沼泽地带。

【风物】 花炮

湖南花炮，以浏阳花炮最为著名，是中国国家地理标志产品。古时在节日或喜庆日，用火烧竹，噼啪作响，以驱除山鬼和瘟神，谓之『爆竹』。火药发明后以多层纸密卷火药，接以引线，燃之使爆炸发声，亦称为『爆竹』，也叫『爆仗』或者『炮仗』。南朝梁宗懔《荆楚岁时记》：『正月一日……鸡鸣而起，先于庭前爆竹燃草，以辟山臊恶鬼。』就记载了楚地一千五百多年前燃放爆竹的盛况。一九三五年出版的《中国实业志·湖南篇》和《湖南之鞭爆》均记载：『盖湘省鞭爆之制造，始于唐，盛于宋，发源于浏阳也。』

浏阳四面环山，以山地丘陵为主，这一地貌特点，为花炮作坊和村镇提供了天然的安全屏障，有利于安全生产。浏阳境内也出产各种花炮原材料，如杉木、楠竹、硫黄、红土、硝石等。良好的自然环境，使得浏阳成了名副其实的花炮之乡。

【美食】 春卷

立春吃春卷的习俗，全国各地皆有。湖南吃春卷的习俗主要集中在长沙周边地区，并向四周辐射开来。老长沙人『咬春』除了吃萝卜，也一定要吃春卷。

长沙的传统春卷由白面做皮，馅料主要是肥瘦猪肉丝、荠菜或大白菜、韭黄，辅料是酒、酱油、盐、味精，加汤勾薄芡。面皮先微烙成型，包好后氽炸至微黄即可。成品色泽明艳，外脆内柔，多汁鲜嫩，并且可根据口味更换不同馅料，并佐以各种调料蘸食。

【民俗】打春

打春，又称鞭春牛，鞭打用土塑成的春牛，以祈求新一年五谷丰登。我国自古以农耕为主，周时于农历十二月制作土牛以送寒气，后来渐渐演变为立春日造土牛，鞭之以劝农事，象征春耕开始。一般都是由当地知县或劝农官（劝农官由朝廷委派）执春鞭，这春鞭一般以杨柳枝代之，也有的制成彩杖，称春杖，随鼓声击土牛三下，再交由吏民击之使碎，而后人人争抢这春牛碎土。这一习俗始自周代，《礼记·月令》中有『出土牛，以送寒气』的说法。唐宋间，打春已相当普及。宋代孟元老《东京梦华录·立春》中记载：『立春前一日，开封府进春牛，入禁中鞭春。开封、祥符两县，置春牛于府前。至日绝早，府僚打春，如方州仪。』由此可见，打春的习俗已有数千年历史。

据《长沙县志》记载，『打春牛』的岁时活动，在长沙地区一直延续到二十世纪初，不过，这时的春牛已经不是土制，而是纸糊的，里面装满五谷杂粮。随着时代的发展，打春从一种农业祭祀活动逐渐演变成一种民间文化习俗。

【农时】苎麻　早育早栽

苎麻是我国古代重要的纤维作物之一，新石器时代长江中下游一些地方就已有种植。出土年代最早的苎麻布和细麻绳，距今已有四千七百余年。苎麻较适应温带和亚热带气候，湖南是我国重要的苎麻产区。

春季是苎麻繁殖的重要季节，在二月下旬至三月上旬，可早育早栽，其繁殖方法有多种，如翻蔸法、边蔸法、分蔸繁殖法、扦插法和细切种根繁殖法等，根繁殖是应用最广的方法。

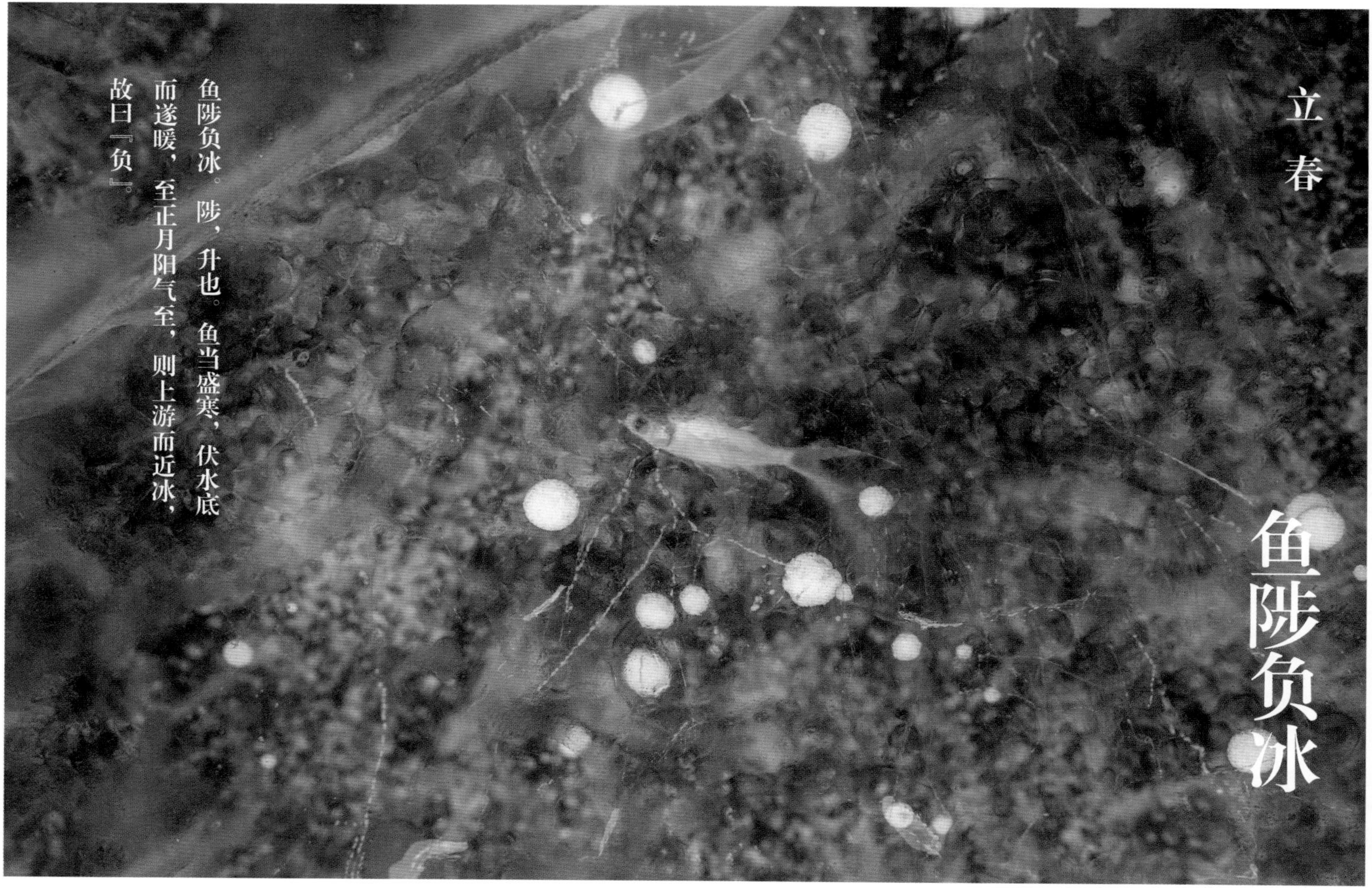

立春

鱼陟负冰

鱼陟负冰。陟，升也。鱼当盛寒，伏水底而遂暖，至正月阳气至，则上游而近冰，故曰『负』。

第三候　鱼陟负冰

陟是上升的意思。鱼在天气极度寒冷的时候潜伏在更为温暖的水底，到了农历正月，随着阳气到来，鱼就会上浮游动，接近冰层，（样子像是驮着、顶着冰层在游动一样）因此称为『负冰』。

短褐不磷缁，文章近楚辞。
未识想风采，别去令人思。
斯文已战胜，凯歌偃旍旗。
君行鱼上冰，忽复燕哺儿。
学省得佳士，催来费符移。
方观追金玉，如许遽言归。
南山有君子，握兰怀令姿。
但应洁斋俟，勿咏无生诗。

次韵答张文潜惠寄　［宋］黄庭坚

黄庭坚，北宋文学家、书法家。『苏门四学士』之首，与苏轼并称『苏黄』。曾多次宦游潇湘，留下很多关于湖南的诗篇。晚年被贬永州，未及赴任即身故，但其后世子孙很多流布于永州、长沙一带。这首诗是黄庭坚写给同为『四学士』之一的张耒的，赞颂了张耒高逸的文才。诗中提到与张耒分别的时候正是早春潜鱼上冰之时，如今再写信问候，转眼燕子都开始哺育小燕，寄寓了诗人的思念之情。

【鸟兽】　白鹡鸰

白鹡鸰是雀形目鹡鸰科下的一种小型鸟类，广泛分布在中国从北到南的广大地区。

白鹡鸰体长一般为十六至二十厘米。有趣的是，它们并非直线飞行，而是一上一下地飞行。在行走时，它们的尾巴会不断地上下摆动。它们喜在滨水地带活动，多在河溪边、湖沼、水渠等处，在离水较近的耕地附近、草地、荒坡、路边等处也可见到。它们喜欢在空旷的地方觅食和寻找猎物。白鹡鸰的种群实行一夫一妻制，大多数情况下，繁殖季节从四月到八月。雄鸟和雌鸟共同负责筑巢，其中雄鸟负责启动筑巢，雌鸟则负责完成筑巢。

《鹡鸰荷叶图》［宋］佚名绘

【草木】 辣椒

辣椒于一六八四年传入湖南，十九世纪中叶后逐渐成为湖南人餐桌上的重要食材。《清稗类钞》中说，湖南、湖北人『无椒芥不下箸也，汤则多有之』，可见辣椒的流行程度。

近年来，湖南辣椒的种植面积达到了一百七十余万亩，主要的品种有长沙河西牛角椒、邵阳朝天椒和衡阳伏地尖等。牛角椒植株中等高度，果实较大，呈长牛角型，稍有弯曲，辣味中等，口感脆而致密；朝天椒植株高大，果实较小，呈长圆锥形，辣味干烈；伏地尖植株较矮小，果实中等大小，果面尖弯，硬皮厚肉，辣味浓郁。这些辣椒品种因其各自的特色而颇负盛名。

【美食】 剁椒鱼头

剁椒鱼头，是湘菜的代表菜色之一。该菜以大鱼鱼头为主，辅以湖南特色调味料剁辣椒，一同蒸熟即可。剁椒鱼头味辣、偏咸鲜，尤以湖南湘潭所做最为出名。鱼头的味鲜辅以剁辣椒的辣，口味独具一格。菜品色泽红亮、味浓，肉质细嫩，肥而不腻，口感软糯，鲜辣适口。

这道如今在各大湘菜馆都可吃到的菜肴，据说其起源与清朝文人黄宗宪有关。相传，当时黄宗宪途经湖南一个小乡村，借住农户家，农户的儿子从池塘捕回一条鱼，女主人就用鱼肉放盐煮汤，再将辣椒剁碎后与鱼头同蒸，黄宗宪觉得鱼头味道非常鲜美。回家后，黄让家中厨师加以改良，便有了今日广受喜爱的名菜剁椒鱼头。

【民俗】探春　接春

探春即探望春光，谓春初作郊外之游，唐宋时其俗尤盛。有些地区也会举行节庆游行，游行队伍最前面是打扮成公鸡样子的报春人，后面是一群人抬着巨大的春牛塑像。队伍中有的打扮成牧童牵牛，有的打扮成大头娃娃送春桃，有的打扮成燕子。探春是踏青游春季节开始的信号，提醒人们春天已到，直到端午之前都是游春的好光景。

立春岁首拜太岁是我国民间一种化煞消灾、祈福纳吉的古老传统习俗，在全国均有分布。旧俗立春前一日，有两名艺人顶冠饰带，号称春吏，沿街高喊『春来了』，称为『报春』。无论士、农、工、商，见春吏都要作揖礼谒。人们在田间敲锣打鼓，小男孩穿青衣戴青帽，唱迎春赞词，到各家各户报春，送春牛图、迎春帖，意在提醒催促人们抓紧时间务农，莫误春光。接春的说法是长沙本地所特有的，当地人认为『新春大如年』，因此立春之时，在家门之外设香案，祭春神、太岁、土地等众神，燃爆竹，迎接新春。

《游春图》［隋］展子虔绘

雨水

獭祭鱼

獭祭鱼。獭，一名水狗，贼鱼者也。祭鱼，取鱼以祭天也。所谓豺獭知报本。岁始而鱼上游，则獭初取以祭。徐氏曰：『獭祭圆铺，圆者，水象也；豺祭方铺，方者，金象也。』

第四候　獭祭鱼

水獭，也称水狗，是一种捕鱼而食的动物。祭鱼，说的是用鱼来祭天。这就是人们所说的豺和水獭懂得感念上天的恩惠。每年年初河流解冻，河鱼上游，水獭就用最开始捕到的鱼来祭天。徐氏说：『水獭在祭祀时按圆形铺设捕到的鱼，圆代表五行中的水象；豺在祭祀的时候按方形铺设捕到的猎物，方代表五行中的金象。』

迟日园林悲昔游，今春花鸟作边愁。
独怜京国人南窜，不似湘江水北流。

渡湘江　［唐］杜审言

杜审言，字必简，唐代诗人，『诗圣』杜甫的祖父。与李峤、崔融、苏味道并称为『文章四友』。曾在唐中宗神龙元年被贬峰州，左迁途中行至湘江，两岸花鸟怡人，春色葱茏，不禁勾起诗人对昔日游春的追思。滔滔江水，滚滚北流，寄托着诗人的千愁万绪，浸入湖南春季的盛景之中，反衬出无尽的幽思与哀愁。

【鸟兽】 食蟹獴

食蟹獴，别名山獾、石獾、水獾等，食肉目獴科，广泛分布于我国南部、中南半岛及南亚次大陆东北部。

其吻部细尖，尾基部粗大，往后逐渐变细，体毛粗长。近肛门处有臭腺。身背灰棕黄色，杂以黑色。背毛基部淡褐色，毛尖灰白色。

食蟹獴以各种小动物特别是鼠类和蛇类为食。行动机警敏捷，能似家猫般攻敌或猎食，并以拱背、竖毛、喷气、尖叫来自卫。一般栖息于海拔一千米以下地方的树林草丛、土丘、石缝、土穴中，喜群居；洞栖，常自挖土穴或抢占鼠洞居住；能攀缘上树捕捉鸟雀，但不栖息于树上。

【草木】 芸薹

芸薹，别名油菜，原产欧洲及中亚，十字花科芸薹属，一二年生草本植物。油菜是湖南地区秋冬季重要的经济作物之一，秋分前后播种。

油菜植株笔直丛生，茎绿花黄，基生叶呈旋叠状生长，茎生叶，一般是互生，没有托叶。每年三四月间，茎梢着花，花为总状花序，花萼片四片，黄绿色；花冠四瓣，黄色，呈十字形。果实为长角果，到夏季成熟时开裂散出种子，紫黑色，也有黄色。

【风物】 四羊方尊

四羊方尊是商朝晚期青铜礼器，祭祀用品。一九三八年出土于湖南宁乡黄材月山铺转耳仑的山腰上，属炭河里遗址。现藏于中国国家博物馆。

四羊方尊是中国现存商代青铜方尊中最大的一件，其边长五十二厘米余，高五十八厘米余，重三十四千克余。长颈，高圈足，颈部高耸，四边上装饰有蕉叶纹、三角夔纹和兽面纹，中部是器的重心所在，四角各塑一羊，肩部四角是四个卷角羊头，羊头与羊颈伸出器外，羊身与羊腿附于尊腹部及圈足上。同时，方尊肩饰高浮雕蛇身而有爪的龙纹，尊四面正中即两羊比邻处，各一双角龙首探出器表，从方尊每边右肩蜿蜒于前居的中间。

据考古学者分析，四羊方尊是用两次分铸技术铸造的，即先将羊角与龙头单个铸好，然后将其分别配置在外范内，再进行整体浇铸。整个器物用块范法浇铸，显示了高超的铸造水平，被史学界称为『臻于极致的青铜典范』，堪称我国十大传世国宝之一。

【民俗】 元宵节

元宵节，又称上元节、元夕或灯节。正月是农历的元月，古人称夜为『宵』，因此称每年正月十五第一个月圆之夜为『元宵』。

元宵节燃灯的习俗始于西汉，盛于隋唐，宋时已极具规模。文天祥曾记载湖南衡州城上元节张灯盛况，『士女倾城』『观者如堵』『骈肩累足』『咫尺音吐不相辨』。祁阳在嘉庆年间初十到十五日剪纸为灯，做成各种异兽，击鼓鸣锣，舞龙灯，舞狮子，称为『闹元宵』。湘潭上元节祀太一神，食浮圆子，也就是南方的汤圆。除观灯和舞龙耍狮之外，还有庙会、唱戏、骑竹马等活动。除汉族外，苗族等少数民族也钟爱舞龙灯等活动。

雨水

鸿雁北

鸿雁北。雁，知时之鸟。热归塞北，寒来江南，沙漠乃其居也。孟春阳气既达，鸿雁自彭蠡而北矣。

第五候　鸿雁北

大雁是能感受季节的候鸟。天气转暖就飞回塞北，转寒就飞来江南，北方大漠是它们繁衍生息的地方。早春阳气已至，大雁就从彭泽湖这样的南方湖泽向北飞去了。

玄霜捣尽音尘绝，去作湖南万里春。
想见山川佳绝地，落花飞絮转愁人。

予去岁在长沙数与处度元实相从把酒自过岭来不复有此乐感叹之余戏成一绝

［宋］黄庭坚

黄庭坚虽是诗文巨匠、书法名家，但因为性情刚正不阿，加以政敌构陷，因此一生仕途坎坷。正如他的老师兼好友苏轼一样，黄庭坚平生屡遭贬谪，四海漂沦。本诗便是诗人感怀所作，借以追忆与友人在湖南交游的时光，也怀念『山川佳绝』『万里春』的湖湘热土。

【鸟兽】 豹猫

豹猫，别名狸猫、山狸等，食肉目，猫科；主要分布于我国中南部及东南亚地区。它的体型与家猫大致相仿，但各亚种的差别比较大。豹猫的毛皮有很多种颜色：南方的豹猫多为黄色，北方的则多为银灰色。胸部及腹部是白色；身上的斑点一般为黑色。

豹猫是一种夜行动物，通常以啮齿类、鸟类、鱼类、爬行类及小型哺乳动物为食。除了交配季节外，它们一般为独处。豹猫主要栖息于山地林区、郊野灌丛和林缘村寨附近。从低海拔海岸带一直到海拔三千米的高山林区均有分布，在干旱荒漠、沙丘几无分布。

【美食】 臭豆腐

臭豆腐是著名的传统特色小吃，其中长沙臭豆腐更是一绝。此菜以黄豆为原料制成水豆腐，经过专用卤水浸泡半月，再以茶油经文火炸焦，佐以麻油、辣酱食用。它具有『黑如墨，香如醇，嫩如酥，软如绒』的特点，奇在以『臭』命名，不同于其他卤食以香自诩。臭豆腐闻起来臭，吃起来香，外焦微脆，内软味鲜。这是因为卤水中放有多种上乘配料，故味道特别鲜香。

臭豆腐各地皆有，形制各异，口味也不尽相同，长沙火宫殿臭豆腐在其中最负盛名。长沙火宫殿臭豆腐，用文火炸焦，再将其逐一钻孔，灌辣椒油。其口感辣味十足，臭香浓郁，极富特色，因此得以声名远播，遍及海内。

【民俗】 祭蚕神

湖南是纺织业大省，自古就有养蚕的传统。古人非常重视祭蚕神，并把它和祭门的习俗融合起来。《荆楚岁时记》曰：『正月十五日，作豆糜，加油膏其上，以祠门户。』该书引《齐谐记》曰：『其法先以杨枝插于左右门上，随杨枝所指，仍以酒脯饮食及豆粥、糕糜插箸而祭之。』之所以会有这样的习俗，是因为《续齐谐记》中有记载：『吴县张成夜起，忽见一妇人立于宅东南角，谓成曰：「此地是君家蚕室，我即此地之神。明年正月半，宜作白粥，泛膏其上以祭我，当令君家蚕桑百倍。」言绝而失之。成如言，作膏粥。自此后，年年大得蚕。今世人正月半作粥祷之，加肉覆其上，登屋食之。咒曰：「登高糜，挟鼠脑，欲来不来，待我三蚕老。」则是为蚕逐鼠矣。』正因为有这样的传说，为了祈求桑蚕的丰产，人们便每年在正月十五祭蚕神。

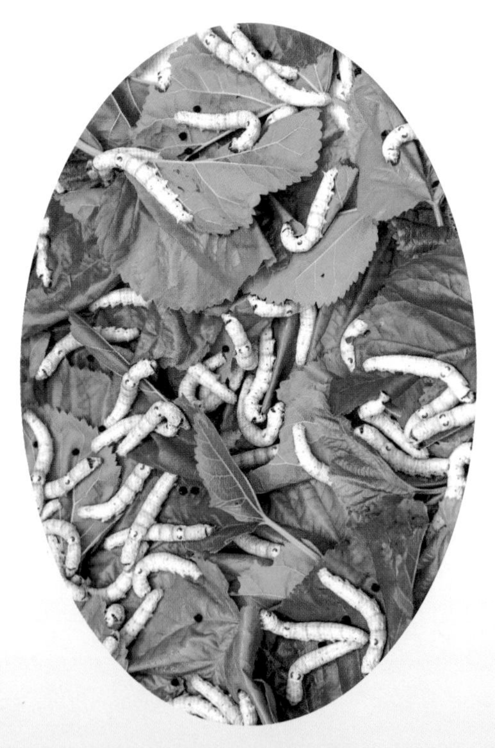

雨水

草木萌动

草木萌动。天地之气交而为泰，故草木萌生发动矣。

第六候　草木萌动

天地的阴阳之气交汇融合，如同卦象之中的泰卦，所以草木受到它们的催动开始萌芽生长了。

沅湘春色还，风暖烟草绿。
古之伤心人，于此肠断续。
予非怀沙客，但美采菱曲。
所愿归东山，寸心于此足。

春滞沅湘有怀山中　［唐］李白

李白，字太白，号青莲居士，唐代诗人，贺知章称之为『谪仙人』。李白平生素爱云游登览，在湖南的众多名山大川中留下了足迹，在湘记事即景的诗作亦不在少数。本诗中诗人眼望沅湘春色，耳聆采菱之曲，融融春日，跃然纸上。

【鸟兽】 小䴙䴘

小䴙䴘，䴙䴘目䴙䴘科，潜鸟，主要分布于水塘、湖泊、沼泽。小䴙䴘是中国最常见的水鸟之一，在中国东部大部分开阔水域都能见到小䴙䴘。

成鸟夏羽上体黑褐色，部分羽毛尖端苍白；冬羽额淡灰褐色，头顶和后颈黑褐色，颈色稍深，且有栗色、白色横斑。虹膜黄色。嘴黑而具白端。足部石板灰色。腿很靠后，所以走路不稳，精通游泳和潜水。繁殖季节颈部的羽色栗红，冬季颈部羽色变淡。羽毛松软如丝，嘴细直而尖。翅短圆，尾羽为短小绒羽。

小䴙䴘常潜水取食，以水生昆虫及其幼虫、鱼、虾等为食。

【草木】白兰

白兰，在中国华南、西南地区及东南亚地区生长的常绿原生植物，属木兰科含笑属的乔木，一般可长到十至十三米的高度。其花形似黄葛树芽包，故白兰在中国西南地区有黄葛兰的俗称。

白兰花的幼枝及芽呈绿色，密被微柔毛。叶浅绿色，互生，长椭圆形而先端较尖，革质，表面无毛，底疏生微柔毛。白兰花期四至九月，花色一般为乳白色，雄蕊药隔伸出长尖头，雌蕊群被微柔毛。蓇葖果成熟时为红色，少见结实。

白兰因为有着浓烈的香气而成为一种园艺植物并被广泛种植，旧时湖南妇女常摘取花朵佩戴，也用以提取香精或熏茶。

【风物】 岳麓书院

岳麓书院创建于北宋开宝九年（九七六），为我国著名的『四大书院』之一，是中国古代的教育和学术研究机构。早在唐末五代，麓山寺僧人辟地建屋，在此办学，遂成为书院的前身。岳麓书院自宋代开办，直到近代转型改为新式学堂，再到如今的湖南大学，一千多年间办学不辍，故有『千年学府』之称。

岳麓书院建筑在布局上采用中轴对称、纵深多进的院落形式，占地面积二万一千平方米，建筑面积七千多平方米，坐西朝东。中轴线上自东而西依次为赫曦台、大门、二门、讲堂、御书楼，左右有斋舍、文庙和百泉轩等。

【民俗】 社巴节

社巴节又名『调年会』，是土家族最为热闹的传统节日之一，通常在每年正月初三至十七举行。《保靖县志》说：『正月初间，男女齐集歌舞，祓除不祥，名曰「摆手」，又谓之「调年」……正月十五夜，乡间老少妇女入城，在各寺庙观灯，谓之「走百病」。……乡俗每于元宵各备香烛，群相祷祝，头痛摸头，腹痛摸腹，耳目手足亦然，俗谓之「摩狮子」。』

『社巴』是土家语，意为『摆手』。社巴节用于祭祀祖先、预祝丰年以及男女青年对歌择侣。社巴活动分大摆手和小摆手。小摆手一般为一村一寨举行；大摆手可相约数十村寨共同举办。跳摆手舞时，人们身披土花被面，手持齐眉棍棒，口唱古歌，翩翩起舞。跳的时间从几夜到十几夜不等。每个自然村一般都设有专门供跳摆手舞用的摆手堂或摆手坝。堂中设土王庙，庙前宽阔草坪中的杉树上挂彩灯。男男女女着盛装，拜八部神，祭祀祖先，祈求风调雨顺、五谷丰登之后，便在锣鼓伴奏下围着古杉树转圈跳舞——狩猎舞、生产舞、军前舞、宴会舞等。

惊蛰
桃始华
桃始华。桃，果名，花色红，是月始开。

第七候　桃始华

桃，一种水果，粉红色的花，在这个季节开始绽放。

花村外，草店西，晚霞明雨收天霁。
四围山一竿残照里，锦屏风又添铺翠。

寿阳曲·山市晴岚　［元］马致远

马致远，号东篱，元代文学家，有『曲状元』之称。他曾经根据宋代山水画家描绘湖湘风光的名画《潇湘八景》创作过一套散曲，《寿阳曲·山市晴岚》即为其中一首。作者在这首散曲中，描绘了傍晚小山村雨过天晴的秀美景色。仰望天空，天空明净如洗，晚霞又照得满天光华绚艳，景色极为迷人。山村小镇四周的山峦，笼罩在夕阳的光辉里，给人一种柔和而明丽的感觉。本来就很美的像是小镇屏风的山峦，经过雨水的洗濯、夕阳的映照，还飘着薄纱似的水汽，故而显得格外青翠，像是在原来的绿色上又添上一层绿色。天上的晚霞和四周的山色，给这个山村小市增添了静谧气氛和美丽景色。该曲的一个突出特点是层层描景，使山市晴岚景象鲜明突出。

【草木】 多脉凤仙花

多脉凤仙花，杜鹃花目凤仙花科，一年生草本植物，原产于中国湖南资兴。

植株高可达七十厘米，茎肉质，粗壮直立，叶互生，叶片厚膜质，上面深绿色，下面浅绿色；总花梗单生于上部叶腋，花淡紫色，有紫色斑点，翼瓣具柄，唇瓣宽漏斗状，花丝线形，花药卵形，子房纺锤形，蒴果纺锤形，种子褐色长圆形。

此花生于山谷溪流边，极易成活，民间栽培非常普遍。

凤仙花花形奇特，开花时间长，古代即已经关注其观赏价值。《广群芳谱》记述凤仙：『桠间开花，头翅尾足俱翘然如凤状，故又有金凤之名。』其在百花中的地位虽不比梅、兰、菊、牡丹和芍药，甚至曾被苏门四学士之一的张耒贬为『菊婢』，但凤仙花以其顽强的生命力和独特的风姿赢得了人们的喜爱。自古以来总有爱花之人对凤仙花情有独钟，更有文人不吝笔墨吟咏凤仙。宋代杨万里赞道：『细看金凤出花丛，费尽司花染作功』。

【风物】皿方罍

皿方罍，商代晚期铸造，因器盖铭文『皿而全作父己尊彝』而得名。该器于一九一九年被发现，器盖于一九五六年由湖南省博物馆保存至今，器身长期流落国外。二〇一四年经多方沟通和协议，皿方罍重归故里。现藏于湖南博物院。

皿方罍器身高六十三厘米余，器盖高约二十九厘米。罍盖呈庑殿顶形，罍身作长方口，直颈，高圈足。全器以云雷纹为地，上饰兽面纹、夔龙纹、凤鸟纹。肩部两侧装饰双耳衔环，正面腹部下方置一兽首鋬。四面边角及各面中心均装饰突起的长条钩戟形扉棱。器盖刻有『皿而全作父己尊彝』八字铭文，器身则为『皿作父己尊彝』六字铭文。

皿方罍真实地反映了当时的社会状况，具有极高的史料价值。该器形体高大、富丽堂皇，是迄今为止出土的方罍中最大、最精美的一件，堪称『方罍之王』。

【胜景】 山市晴岚

山市晴岚一景，相传原型为湘江东岸的昭山，位于长沙、湘潭、株洲三市交界处。相传周昭王南征至此，故名。《长沙府志》载：「秀起湘岸，挺然耸翠，怪石异水，匿匝掩蔽，微露岩萼，而势若飞动，舟过其下，往往见岩牖石窗，窥攀莫及。」明末王夫之《潇湘十景词（其七）》也有「日落天低湘岸杳，迎目茏葱，独立苍峰小。道是昭王南狩道，空潭流怨波光袅」之句。昭山其实并不高，海拔不到二百米，却因「潇湘八景」中的「山市晴岚」而闻名，古来名人来此题咏甚多。昭山风光，紫气缭绕，岚烟袭人，云蒸霞蔚，一峰独立江边，秀美如刚出浴的仙子。

潇湘八景历来为文人墨客所乐道，宋宁宗赵扩和元曲四大家之一的马致远都曾以「潇湘八景」为题创作诗文。

《山市晴岚图》［南宋］夏圭绘

【民俗】除虫蚁

惊蛰前后，湖南民间有除虫蚁的习俗。传统上认为惊蛰后阳气回升，万物复苏，各种蛇鼠虫蚁也都开始活动，这时是驱除它们的最好时机。农家在这天于暗处点灯，用石灰撒房屋四周及潮湿暗角。小孩点燃一个个爆竹，丢向屋角墙下，边丢边喊：『惊蛰惊蛰，炸得虫蚁笔直。』同时，这一天农夫都会休息一天。惊蛰的前一天，用石灰洒满柱脚、墙垣、屋脚，人们用这种手段来驱除虫蚁。惊蛰，同时也是传说中的『蛤蟆生日』，小孩们要用簸箕盛着石灰或者盐，在家中院里边撒边祷告，用来驱除毒蛇。惊蛰前夕，还要用石灰画弓和箭在门上，并且撒石灰在台阶上以避蛇虫。

惊蛰

仓庚鸣。庚亦作鹒，黄鹂也，《诗》所谓『有鸣仓庚』是也。《章龟经》曰：『仓，清也；庚，新也。感春阳清新之气而初出，故名。』其名最多，《诗》曰『黄鸟』，齐人谓之『抟黍』，又谓之『黄袍』，僧家谓之『金衣公子』，其色鵹黑而黄，又名『鵹黄』，谚曰『黄栗留』『黄莺莺儿』，皆一种也。

第八候　仓庚鸣

仓庚亦作鸧鹒，也就是通常所说的黄鹂，《诗经》中的『有鸣仓庚』就是说这种鸟。《章龟经》中说：『仓，是清的意思；庚，是新的意思。黄鹂感受到了阳春清新的空气而开始活动，所以得到了这样的名字。』黄鹂的别称很多，《诗经》里称之为『黄鸟』，齐地的人称呼它为『搏黍』，也叫它『黄袍』，僧人称之为『金衣公子』，仓庚颜色黑黄，所以又叫『鵹黄』，民间谚语称『黄栗留』『黄莺莺儿』，说的都是同一种鸟。

远山酋萃翠凝烟，烂漫桐花二月天。
游遍九衢灯火夜，归来月挂海棠前。

湘潭偶题诗　[唐]褚遂良

褚遂良，字登善，唐代政治家、书法家，钱塘人，曾任谏议大夫、中书令等职，因坚决反对立武则天为后，左迁为潭州都督。潭州即为今天的长沙。本诗记述了春夜山中灯火与繁花交映的景象，全诗文辞清丽，胜景犹在眼前。

【鸟兽】　黑枕黄鹂

黑枕黄鹂，是中国最为常见的一种黄鹂，属于雀形目黄鹂科的中型鸟类。夏季分布于中国和日本，冬迁马来西亚、印度和斯里兰卡等地。

黑枕黄鹂的体羽大部分呈金黄色，两翅及尾呈黑色，头部有通过眼周直达枕部的黑纹，嘴呈粉红色，脚呈铅色，是一种非常美丽的鸟。黑枕黄鹂是一种树栖性鸟类，常成对穿梭于林间。它主食对农林有害的昆虫，也吃些植物果实、种子等。黑枕黄鹂的鸣声犹如流水般婉转动听。

【草木】 香樟

香樟是樟属的多种常绿大乔木的统称，俗名芳樟、乌樟、栳樟等，原产于中国长江以南等地，现已被引入其他国家广为种植，常见于湿润的山谷、山腰、河流两岸、路旁等。

香樟高可达三四十米，能散发出特有的清香气息。树皮灰褐色，有纵裂沟纹。叶为卵形或椭圆状，单叶互生，薄革质，全缘，表面光滑，背面微有白粉，无毛，叶缘微呈波状，有离基三出脉，脉腋有明显腺体。花两性，圆锥花序腋生，花小，呈黄绿色，花期四至五月。球形核果，九至十一月成熟，成熟时由绿色转为紫黑色。

香樟是湖南省长沙市的市树，道路两侧多有种植。

【农时】早稻 晒种 选种

根据播种期、生长期和成熟期的不同，水稻可分为早稻、中稻和晚稻。早稻的生长期一般为九十至一百二十天，中稻为一百二十至一百五十天，晚稻为一百五十至一百八十天。它们的播种期和收获季节，由于各个地区气候条件的不同，也有很大的差异。早稻生产的大米称为早籼米或早米，口感较差，一般作为工业粮或储备粮。

在这个时节，早稻的培育需要经过晒种和选种两个步骤。稻种浸种前一周选择晴天将种子晒六至八小时，然后将晒好的种子放在干燥、阴凉的地方凉透，以促进种子的呼吸作用，提高酶的活性，有利于提高种子发芽率和发芽势。晒种也可杀死部分附着在稻壳上的病菌。之后是选种，要求用清水浸泡稻种，把浮在水面上的秕谷捞出，选用饱满的稻种，以培育出健康的秧苗。

湖南作为农业大省，自古以来与养牛相关的习俗不胜枚举。黔阳人买回牛，在大门口挂簸箕，向东西南北四方各烧一炷香，用围裙蒙住牛眼，牵着牛左右各绕三圈，意在使牛迷失方向，无法跑回原主家。城步南部山区喜欢野牧牛群，春耕结束直到秋收完毕，牛群都在山坡上过夜。养牛特别讲究冬暖夏凉，俗谓：『热天一口塘，冷天一铺床。』湘潭人擅长相牛，有『六齿溜光，七齿遭殃，八齿平常，九齿买田庄，十齿牛中王』的说法。牛身上的毛发也有讲究，牛身上生晒谷旋、丁字旋、望山旋、锁富旋、锁仓旋的属于好牛；生木马旋、空仓旋、叹气旋、前后三眼旋的属于坏牛。牛蹄为五蹄叫灵官牛，性烈不驯，难以饲养；母牛有五个乳房，也是灵官牛。岳阳人不会宰杀病老耕牛，因体恤牛一生太辛苦，在牛落气前，主人会给牛戴草帽披衣服，让其自然死去，愿其『来世变人』。侗族人敬牛栏神，侗家牛栏一般在正屋一旁，牛栏柱上设有牛栏神位。逢年过节，或牛病时，侗族人要向牛栏神烧香化纸，春节要点油灯，通宵明亮，求其保佑牲畜无病，耕种无误。

鹰化为鸠

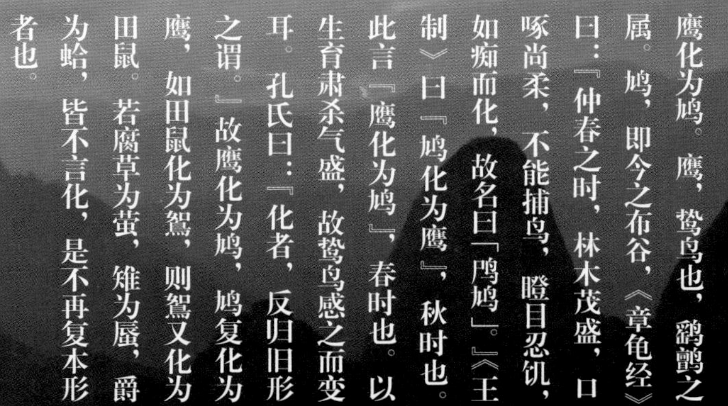

鹰化为鸠。鹰，鸷鸟也，鹞鹯之属。鸠，即今之布谷，《章龟经》曰：『仲春之时，林木茂盛，口啄尚柔，不能捕鸟，瞪目忍饥，如痴而化，故名曰「鸤鸠」。』《王制》曰『鸠化为鹰』，秋时也。此言『鹰化为鸠』，春时也。以生育肃杀气盛，故鸷鸟感之而变耳。孔氏曰：『化者，反归旧形之谓。』故鹰化为鸠，鸠复化为鹰，如田鼠化为鴽，则鴽又化为田鼠。若腐草为萤，雉为蜃，爵为蛤，皆不言化，是不再复本形者也。

第九候　鹰化为鸠

鹰，是一种猛禽，和鹞鹰、晨风等鸟一类。鸠，就是现在说的布谷鸟。《章龟经》里说：『二月的时候，树木繁茂，但鹰类的喙尚且柔嫩，不能用来捕鸟，只能眼睁睁看着别的鸟逍遥快活，自己却忍饥挨饿以至于如痴如狂，最终变化成了别的鸟，所以叫作「鸤鸠」，也就是布谷鸟。』《王制》中说『鸠化为鹰』，是在秋天。这里说『鹰化为鸠』，是在春天。因为万物生长或者凋败的气息太盛，所以猛禽感受到了季节变化而不断化形。孔氏说：『化字，是事物变回了本来形态的意思。』所以鹰变化成鸠，鸠又变回鹰，就像民间所说的田鼠变化成鹌鹑，鹌鹑又变回田鼠一样。像腐草转变成萤火虫，野鸡和雀鸟转变成蛤蜊，都不说是化，这是因为它们不会再变回原来的形态了。

皇恩暂迁谪，待罪逢知己。
从此武陵溪，孤舟二千里。
桃花遗古岸，金涧流春水。
谁识马将军，忠贞抱生死。

留别武陵袁丞　[唐]王昌龄

王昌龄，唐代诗人，有『七绝圣手』之美誉。唐开元年间曾任龙标（今湖南怀化一带）县尉，在任上留下诸多有关湖南的诗篇，为后人传诵。本诗是作者在武陵与友人辞别时所作，诗中武陵金涧春水交映，古岸桃花飘香，武陵春色，自古长存。

【鸟兽】 池鹭

池鹭，鹈形目，鹭科，中型涉禽，主要分布于孟加拉国、中国及东南亚地区。池鹭是东洞庭湖冬季常见的越冬候鸟。

池鹭体长近五十厘米，翼白色，身体具褐色纵纹。繁殖期头及颈深栗色，胸紫酱色。冬季站立时具褐色纵纹，飞行时体白而背部深褐。虹膜褐色，嘴黄色，腿及脚绿灰色。通常无声，争吵时发出低沉的呱呱叫声。栖息于稻田、池塘、沼泽，喜独行或三五成群在水田、沼泽地中觅食，性不甚畏人。食物以鱼虾、蛙、昆虫为主，幼雏与成鸟的食物成分相类似。池鹭的部分种群为留鸟，特别是在中国长江以南繁殖的种群多为留鸟，在长江以北繁殖的种群则大抵为夏候鸟。池鹭通常在四月初到四月中旬迁至北方繁殖地，多于九月末十月初开始往南迁徙，通常呈分散的小群或家族群往南迁飞。

【草木】八角莲

八角莲，毛茛目，小檗科，为多年生草本植物，多生于海拔八百至一千五百米的林下、山谷溪旁或阴湿溪谷草丛中，在我国安徽、湖南、湖北、广西、浙江、福建、台湾等地均有分布。

八角莲植株高二十至三十厘米。根状茎粗壮，横生，具结节及须根。茎直立不分枝，顶端生叶一两枚，无毛。叶近纸质，互生，盾状，轮廓近圆形，裂片宽三角状卵圆形，先端急尖，上面暗绿色，常有光泽，无毛，背面淡黄绿色，叶片上面无毛，背面披柔毛，边缘具细刺齿；叶柄具纵条棱，无毛。花梗常下弯，被柔毛；花紫红色，下垂，花着生于叶基；萼片椭圆状长圆形或卵状长圆形，早落；花瓣紫红色，倒卵状长圆形；雄蕊常镰状弯曲，花丝扁平；子房长圆形，花柱柱头盾状，胚珠多数。浆果倒卵状长圆形或椭圆形，熟时紫黑色。花期三至六月，果期五至九月。

【农时】早稻 浸种

完成早稻晒种、选种之后，即可进行浸种。水稻浸种过程就是种子的吸水过程，种子吸水后，种子酶的活性开始上升，在酶的活性作用下，胚乳淀粉逐步分解成糖，释放出供胚根、胚芽和胚轴所需要的养分。当稻种吸水达到谷重四分之一时，胚就开始萌动，这称为破胸或露白。当种子吸水量达到谷重四成时，种子才能正常发芽，这时的吸水量为种子饱和吸水量。浸种通常不超过四十八小时，并且使用白天浸种、夜晚摊开的日浸夜露法，可以有效提高发芽率。

【民俗】社日春祭

社日春祭是湖南民间春季的盛大节日。社日最开始并没有固定日期，宋代开始规定立春后第五个戊日为社日。《荆楚岁时记》里说：『社日，四邻并结宗会社，宰牲牢，为屋于树下。先祭神，然后享其胙。』古人此日先以佳肴祭祀，再分食祭品，最后才尽情戏耍，有『一国之人皆若狂』之语。社日又有『官社』『民社』之分。民社为二月二日，俗称土地公公生日；官社日期不变，其祭祀为国家祀典，在社稷坛举行。古代春社日，官府及民间皆祭社神祈求丰年，其中有饮酒、分肉、赛会、妇女停针线之俗。《礼记·明堂位》：『是故，夏礿，秋尝，冬烝，春社，秋省，而遂大蜡，天子之祭也。』湖南民间社日，多有休耕、忌动土之俗。人们准备酒食敬社公社婆，击鼓烧纸，有的搭台唱戏，叫社戏。全民尽皆痛饮。永定人在『社日』祀社神。农家醵钱宰牲，延巫道致祷，铙鼓喧阗，群相欢宴，名『五谷会』，盖古仲春祈谷遗意也。春社，作米粢祭灶神，曰『社粢』。值戊日禁犁锄，以土命戊也。春社日，各村备牲醴、香楮以祭谷神，俗称『牛羊会』。

《春社图》［明］张翀绘

春分

玄鸟至

玄鸟至，玄鸟，燕也。高诱曰：『春分而来，秋分而去也。』

第十候　玄鸟至

玄鸟就是燕子。高诱说：『燕子春分的时候到来，秋分的时候就离开了。』

幽寻极幽壑，春望陟春台。
云光栖断树，灵影入仙杯。
古藤依格上，野径约山隈。
落蕊翻风去，流莺满树来。
兴阑荀御动，归路起浮埃。

春晚从李长史游开道林故山　［唐］骆宾王

骆宾王，字观光，唐代诗人，少时有神童之誉，与王勃、杨炯、卢照邻并称『初唐四杰』。本诗是诗人春游所作，深谷探幽，春台望远，浮云断树，野径古藤，落花飞鸟，无不尽收眼底，寥寥数语，却如长卷，所绘景致，错落分明。

【鸟兽】 金腰燕

金腰燕，雀形目，燕科，夏候鸟。广泛分布在亚洲地区。

金腰燕体长近二十厘米，体重二十克左右，寿命十五年。上体黑色，具有辉蓝色光泽，最显著的标志是有一条栗黄色的腰带，下体白而多具黑色细纹。尾长而叉深，翅狭长而尖。

金腰燕多见于山间村镇附近的树枝或电线上，生活习性与家燕相似，不同的是它常停栖在山区海拔较高的地方。金腰燕有时和家燕混飞在一起，飞行却不如家燕迅速，常常停翔在高空，鸣声较家燕稍响亮。

【农时】早稻 播种

在春天这个时节，如果连续三天日平均气温稳定超过十二摄氏度，就进入了早稻的适宜播期。长江流域的适宜播期为三月下旬至四月上旬。随着纬度和海拔增加而温度降低，播期应推迟。在生产中，通常都要注意当时的天气预报，在『冷尾暖头』抢晴播种。利用播后一段时间的晴暖天气，使种子根尽早入土，到下一次冷空气来临时，早稻已扎根立苗，不至于受低温冷害而造成烂种烂芽。

【美食】 坪上牛百叶

坪上牛百叶是湖南邵阳的一道特色美食，口味鲜香爽辣，入口脆嫩，层次分明。

主料是牛肚，辅料为葱、姜、蒜、辣豆瓣酱、黑豆瓣酱、百香卤汁等。

制作时，先将牛肚洗净，用沸水余烫过后备用。将葱洗净切长段，姜切丝，蒜拍碎备用。起油锅，放入葱、姜、蒜爆香，再将香料残渣捞除，再用锅子中的油将黑豆瓣酱、辣豆瓣酱炒香，再倒入百香卤汁，用大火煮滚，放入牛肚后，转小火卤约两小时，至可用筷子穿过牛肚即可。取出牛肚切小片，排入盘中，撒上少许葱花即完成。

【民俗】 糊鸟口

二月初一『糊鸟口』是湖南民间的传统习俗。《耒阳县志》里说：西南乡皆称曰『二月忌』，家家以米粉团穿以竹枝插园土中，祈鸟雀不啄生芽之义。《嘉禾县图志》说：二月朔，大忌，农辍耕，女辍针剪。先夕，磨米粉为糍，作早食，以其余缀竹梢插田塍，名曰『糊鸟口』，鸣稼不灾。意思是每家做糍粑挂在树杈竹枝上，希望鸟类吃了糍粑就不再为害农田吃庄稼的幼苗。

桂阳人也有类似的习俗。民间此时会念：『鸟子公，鸟子婆，今天吃了糍粑坨，以后莫吃我的禾。』第二天二月初二，还要为『老鼠嫁女』。这天，各村小孩都敲锣打鼓，抬着放有瓦片的四方凳，游村串户，每到一家，主家要将木炭火置瓦片上。游毕，将瓦片抛入江河中并唱道：『娇娇女，嫁财主，嫁到江里呷饱水。』其意是嫁走了老鼠，免遭鼠害。

春分

雷乃发声

雷乃发声。阴阳相薄为雷，至此，四阳渐盛，犹有阴焉，则相薄乃发声矣。乃者，《韵会》曰：『象气出之难也。』注疏曰：『发，犹出也。』

第十一候　雷乃发声

阴气和阳气相互接近产生了雷。到这个时节，阳气逐渐强盛，但仍有阴气，当它们相互接近就发出了雷声。之所以说是乃，《韵会》一书中说：『这是描绘气候产生是多么不容易。』注疏中说：『发，就是出的意思。』

春山临远壑，水木自幽清。
风昔怀微尚，兹焉一放情。
云间听弄鸟，烟上摘初英。
地僻方无闷，逾知道思精。

游灉湖上寺　［唐］王琚

王琚，唐代政治家，诗人，曾参与平定太平公主之乱，官拜户部尚书。灉湖是湖南岳阳洞庭湖南湖的古称。本诗将灉湖上寺周边清幽旖旎的景象和作者自身恬淡的心境映照融合，春满湖山，花鸟云烟，皆是灉湖展不尽的春日长卷。

【鸟兽】 帚尾豪猪

帚尾豪猪，啮齿目，豪猪科，小型食草动物，主要分布于中国中部、南部及东南亚地区。

头体长三十六至六十厘米，尾长十四至二十二厘米，体重两千克左右。与其他亚种相比，体长，四肢粗壮，耳廓短；尾末端覆有白色棘簇，棘的后部具有很多珠串状的球节；背面的棘刺扁，上面有沟；腹部的棘刺柔软纤细。

栖息在茂密的森林中，筑洞或占洞，洞可相连，每洞可居住三头。偏爱多岩石的地方。夜行性，一般地栖，偶尔爬树。以各种各样植物的根、鳞茎、水果和浆果为食，喜食瓜果、蔬菜、芭蕉苗和其他农作物。

【草木】鹅掌楸

鹅掌楸，是木兰科鹅掌楸属的一种。树形似楸树，俗名马褂木，为中国的珍稀树种。产于中国淮河以南、南岭以北、横断山脉以东的亚热带地区，在海拔九百至一千七百米的山地、湿润的溪谷也有零散分布。

鹅掌楸为落叶乔木，树干径直、高耸，高可达四十米，胸径一米以上。深色树皮纵裂。灰色、灰褐色小枝，有环状托叶痕，枝叶无毛。单叶互生，叶形似鹅掌。淡黄绿色花，硕大。花被片九枚，外轮三片萼状，绿色；内二轮花瓣状，黄绿色，基部有黄色条纹。纺锤形聚合果，长七至九厘米。

【农时】大豆　播种

大豆原产我国，各地均有栽培。大豆是重要粮食作物之一，至今已有四五千年的栽培历史。古称菽，是五谷之一。大豆最常用来做各种豆制品、榨取豆油、酿造酱油和提取蛋白质等。湖南省最为著名的大豆产地是新田县，新田大豆以其优异品质被评为国家地理标志产品。

民谚说，清明前后，种瓜点豆，可见清明期间正是开始种植大豆之时。由于湖南地处长江以南，部分地区纬度和海拔都比较低，时间还要更早一些，通常在三月中下旬播种。

【民俗】丁日播种

春季是农业生产的重要季节，湖南各地在播种时，自古以来就有很多讲究与禁忌。

黔阳人有丁日播种的习俗，所谓丁日播种，就是选定丁卯、丁亥、丁丑等丁日播种。播种下田后，随即在田坎上用一叠纸钱，平行插三炷香。左右两炷香弯成弓状插入土中，中间一炷香直插，象征弓箭，下射虫鼠，上驱雀鸟，以保丰收。

在沅陵，水稻秧田耙平后，在秧田中央插一行枫香树枝，取『风调雨顺』『五谷丰登』之意。

蓝山人在点豆、撒谷种时，不得与人交谈说话，即使熟人打招呼也不得回答，当地人认为不这样会招来鸟雀食谷、豆；谷种撒完后，用茅草扎成草标，插在田角，头也不回往家走，否则，亦会招来鸟、雀吃种子。种玉米若遇到乌鸦，则立即回家，改日再种。

春分

始电

始电。电，阳光也，四阳盛长，值气泄时而光生焉，故《历解》曰：『凡声，阳也，光亦阳也。』《易》曰：『雷电合而章。』《公羊传》曰：『电者，雷光。』是也。徐氏曰：『雷阳阴电。』非也。盖盛夏无雷之时，电亦有之，可见矣。

第十二候 始电

电，是阳气发出的光，四阳之气不断增强，当阳气泄出的时候就产生了光，所以《历解》中说：『凡是雷声都属阳气，闪电也属于阳气。』《易》中也说：『雷声和闪电相合就显露了出来。』《公羊传》中说：『闪电，是雷发出的光芒。』这是对的。徐氏说：『有一种说法是雷声是阳气、闪电是阴气。』这是不对的。因为盛夏时节没有雷声的时候，闪电也是时有发生的，由此可见闪电并不是阴气。

露暗烟浓草色新，一翻流水满溪春。
可怜渔父重来访，只见桃花不见人。

桃源 ［唐］李白

桃源作为武陵胜景，历来在诗人笔下有两层真意，它既是武陵江山秀美的现实景色，也是读书人超脱世俗的精神家园。自陶渊明写就《桃花源记》以来，以桃源为主题的诗文不胜枚举，诗仙李白的这首《桃源》便是其中之一。以春溪水涨，浓烟新草，便是诗人心中向往的乐土风光。

【鸟兽】 蓝喉太阳鸟

蓝喉太阳鸟，雀形目，太阳鸟属，小型鸟类，别名桐花凤，分布于孟加拉国、不丹、印度、老挝、缅甸、尼泊尔、泰国和越南，在中国境内主要分布于四川、贵州、云南、西藏、陕西、甘肃、湖北、湖南、广西等。栖息于海拔一千至三千一百米的高原盆地和山地的阔叶林、沟谷林、稀树灌丛，以及河流、公路边的乔木树丛或竹丛中，尤喜在花丛间活动。

雄鸟体长十三至十六厘米，雌鸟体长九至十一厘米。嘴细长而向下弯曲。雄鸟前额至头顶、颏和喉辉紫蓝色；背、胸、头侧、颈侧朱红色；耳后和胸侧各有一紫蓝色斑，在四周朱红色的衬托下甚为醒目；腰、腹黄色；中央尾羽延长，呈紫蓝色。雌鸟上体橄榄绿色，腰黄色，喉至胸灰绿色，其余下体绿黄色。常单独或成对活动，也见三至五只或十多只成群，彼此保持一定距离，活动在盛开花朵的树丛间或树冠层寄生植物花丛中，很少到近地面的花丛间觅食。主要以花蜜为食，也吃昆虫等动物性食物。

【草木】 红花檵木

红花檵木，又名红继木、红梽木、红桎木等，金缕梅科，檵木属，常绿灌木或小乔木，是湖南珍贵的乡土彩叶观赏植物。

树皮暗灰或浅灰褐色，多分枝。嫩枝红褐色，密被星状毛。叶革质互生，卵形或椭圆状卵形，先端短尖，基部圆而偏斜，不对称，两面均有星状毛，全缘，暗红色。花瓣四枚，紫红色线形，花三至八朵，簇生。蒴果褐色，近卵形。花期四至五月，花期长，约三十至四十天，国庆节前后能再次开花。果期八月。

【农时】 茶树 春茶开采

明前茶是清明节前采制的茶叶，受虫害侵扰少，芽叶细嫩，色翠香幽，味醇形美，是茶中佳品。同时，由于清明前气温普遍较低，发芽数量有限，生长速度较慢，能达到采摘标准的茶叶很少，所以又有『明前茶，贵如金』之说。每到这个季节，湖南境内气候比较温暖、海拔比较低的地区的茶树就可以采摘茶叶了。

【民俗】植树

湖南人自古就有『寨中多栽树，景好人长寿』的俗语，可见对植树的重视程度。但人们对树的喜好也不尽相同。杉树是最受欢迎的品种之一，盖屋、造船、架桥、做家具，杉树都是主要的用材。享有『广木之乡』美誉的会同广坪，至今还保存着一大片人造杉木古树群，足有三百年的历史。旧时小孩出生后，不管是男是女，家里的人都要到山上栽十多株杉树，名叫『十八杉』。十八年后孩子长大准备婚嫁时，杉木也已成材，正好用来置办结婚用品。靖州人把千年松树、万年杉叫做『格木』。家中若有一块格木，便视之为宝物，认为可以避邪。要是松、杉埋在土中年深日久，挖出来的就叫『阴沉木』。另外棕树也颇受欢迎。『家有千蔸棕，日子过得宽松松。』棕可以做蓑衣、扫把，还可以做床垫。棕绳是古时牛犁田、人挑箩不可替代的绳子。广受欢迎的还有果树。『桃三李四杏五年，枣子当年就换钱。』屋前屋后，田边地头，都可以栽种果树。

桐始华

桐始华。桐，木名。有三种：华而不实者曰『白桐』，《尔雅》所谓『荣，桐木』是也；皮青而结实者曰『梧桐』，一曰『青桐』，《淮南子》曰『梧桐断角』是也；生于山冈、子大而有油者曰『油桐』，《毛诗》所谓『梧桐不生山冈』者是也。今始华者，乃白桐耳。按《埤雅》：『桐木知日月、闰年。每一枝生十二叶，闰则十三叶，与天地合气者也。』今造琴瑟者，以花桐木，是知桐为白桐也。

第十三候　桐始华

桐，是一种树的名字。桐树有三种：只开花不结果的叫作『白桐』，《尔雅》所说的『荣，桐木』就是这种；树皮青色并且会结果实的叫作『梧桐』，也叫『青桐』，《淮南子》的『梧桐断角』就是说这种树；生长在山冈、果实大并且含油的叫作『油桐』，《毛诗》中『梧桐不生山冈』说的就是这种。这个时节开始开花的，是白桐。依据《埤雅》所说：『桐树可以感知日期、闰年。平年每根树枝长十二片叶，闰年就长十三片叶，这是与天地之气相呼应的表现。』现在制造琴瑟，用的是开花的桐树，由此可见桐指的是白桐。

湘岸多深林，青冥昼结阴。

独无谢客赏，况复贾生心。

草色虽云发，天光或未临。

江潭非所遇，为尔白头吟。

将至岳阳有怀赵二　［唐］张九龄

张九龄，字子寿，唐代诗人，开元名相。韶州（今广东韶关）人，宦海浮沉间屡屡借道湖湘，留下很多写湘名诗。本诗作于旅途之中，怀念远方友人，既有对眼前湘江早春的摹写，也有对近千年前贾谊谪官荆楚、虚负凌云的历史悲剧的共情，现实的潇湘与历史的潇湘在此诗中重叠缠绕，意蕴绵长。

【草木】 海棠

海棠是苹果属多种植物和木瓜海棠属几种植物的统称与俗称。代表植物海棠花和木瓜海棠都是蔷薇科的灌木或小乔木，为中国著名观赏树种。各地均有栽培，广泛分布于中国湖南、湖北、江西、安徽、江苏、浙江、广东、广西、山东、陕西等省区。

苹果属的海棠，属于落叶灌木或小乔木，高可达七八米。小枝圆柱形，紫红色，幼时被淡黄色绒毛。叶片椭圆形或椭圆状长圆形，叶柄粗壮。花单生于短枝端，花瓣倒卵形，淡红色。园艺变种有粉红色重瓣者和白色重瓣者。果实近球形，深黄色，具光泽，果肉木质，味微酸涩，有芳香。花期四至五月，果期八至九月。

【风物】 密印寺

密印寺位于湖南宁乡沩山，是我国佛教禅宗五大宗派之一沩仰宗的祖庭。唐宪宗元和二年（八〇七），高僧灵佑禅师来沩山弘法，宰相裴休奏请朝廷御赐『密印禅寺』门额，建造了这座寺庙。

『密印』原指由印度传入的佛教密宗。灵佑禅师是来自衡山南岳的仰山宗的高僧，故寺门门联曰：『法雨来衡岳，宗风启仰山。』唐宋时，密印寺占地广阔，殿宇宏伟，传说寺内铸有千僧锅、万斛洪钟，声震山野。

密印寺创建一千多年来，历经朝代更迭，屡遭兵火，又多次重建。现存建筑有山门、大殿（万佛殿）、后殿、配殿、禅堂、祖堂等。山门高大庄严，为红色三开牌楼式砖石结构建筑，黄色琉璃瓦，中为拱形大门。正殿万佛殿是密印寺的中心建筑，殿宇宏伟，体量巨大；高约二十七米，重檐歇山顶，覆黄色琉璃瓦，屋脊翘角饰有精美玲珑的彩色琉璃。殿内三十八根粗大的白色花岗岩石柱，雄伟壮观，屋檐下有繁缛的如意斗拱装饰，使大殿既具磅礴气势，又有结构严整之美。殿内四壁嵌有一万二千个小佛龛，每个佛龛中有一尊佛像，故称『万佛殿』。佛像全身饰金，神态肃穆，殿内金光灿烂，令人目眩，实为我国寺院之奇观。

【美食】 益阳兰溪牛杂

牛杂是牛内脏和碎肉的统称。兰溪牛杂，又称兰溪牛杂烩，是发源于益阳赫山区兰溪镇的一道传统美食。赫山区兰溪镇自古就有『水乡小牛市』之称。牛市屠宰交易后，大量的牛内脏被兰溪人留下来加工自食。兰溪人针对牛的肠肚心肺和牛鞭蹄筋等不同部位，采用不同的烹调方法，炒、煮、炖、焖，特别是『肠肚心肺一锅煮，牛鞭蹄筋一锅烩』。

当今吃兰溪牛杂烩时，客人往往围坐在一方矮桌，桌子正中挖孔架锅，下置炭火，牛杂烩在锅中煮得翻滚，先食牛杂，再将猪血、薯粉、青菜之类依次下人鲜美的汤汁中，其味浓淡相宜，鲜香无比，食客边吃边聊，其味无穷。

【民俗】 药王节

湖南安仁县有一个流传几千年的『赶春分』的传统习俗，也叫『药王节』。相传上古时代，炎帝神农氏一行九人来到熊峰山尝百草、采石器、制耒耜。一日，炎帝爬上山峰，对八位随从说：『前面之处，真仙境也，何不去乐呼之？』一路绿荫、花香、鸟鸣，流水潺潺，炎帝乐而自语道：『此地之秀，真乐也。』河边的捕鱼者听见了，便说：『景秀是乐，百姓而不乐也。』炎帝问其缘故，捕鱼者答道：『时下春耕即临，百姓往往在春耕时患病，哪有乐趣？』炎帝决定在此住下，一则医治百病，二则教民农耕。经过询问，炎帝得知因春耕时节雨水过勤，百姓淋过雨后，容易患病。炎帝便教众人识别草药，同时采集，又教百姓服食之法。结果这年不仅春耕时百姓身体强壮，秋收时更五谷丰登。次年春耕时节众人晚间在草坪上燃起篝火欢聚，炎帝说：『今草坪之上，花香、药香，百姓强壮健康，可谓永乐乎？』后人便称此地为香草坪，称此江为永乐江。从此周边百姓每年春天开耕之前，均来此地谋求农耕之术，交换草药耒耜，载歌载舞，狂欢取乐，此俗流传至今。

清明

田鼠化为鴽

田鼠化为鴽，按《尔雅注》曰：鼫鼠，形大如鼠，头似兔，尾有毛，青黄色，好在田中食粟豆，谓之田鼠。《本草》《素问》曰：鴽，鹑也，似鸽而小。《尔雅·释鸟》：鴽，鴾母。郭注：鹌也，青州人呼为鴾母。鲍氏曰：鼠，阴类；鴽，阳类；阳气盛故化为鴽，盖阴为阳所化也。

第十四候 田鼠化为鴽

依据《尔雅注》所说：『鼫鼠，体型大小像老鼠，头长得像兔子，尾巴上有毛，青黄毛色，喜欢在田地里吃小米和豆子，称为田鼠。』《本草》《素问》中记载：『鴽，就是鹌鹑，像鸽子但是体型小。』《尔雅·释鸟》说：『鴽，就是鹌母。』郭璞对此的解释是：『鴽是鹌鹑，青州人把它叫作鹌母。』鲍氏说：『田鼠是主阴气的生物；鴽是主阳气的生物。春季阳气增盛，所以田鼠变化成了鴽，是因为阴气被阳气转变了。』

湘流绕南岳，绝目转青青。
怀禄未能已，瞻途屡所经。
烟屿宜春望，林猿莫夜听。
永路日多绪，孤舟天复冥。
浮没从此去，嗟嗟劳我形。

湘中作 [唐]张九龄

张九龄虽然是开元盛世的一代名相，深得玄宗器重，但仕途也并非一帆风顺。他曾多次道经湖南，本诗便是其间所作。唐时湘地仍显荒僻，舟车劳顿，更为诗人平添愁绪。衡山湘水，烟屿林猿，春水难留过客，此去各赴前程。

【鸟兽】 红白鼯鼠

红白鼯鼠，啮齿目，松鼠科，杂食动物，分布于中国长江以南和中南半岛大部地区，湖南南部山区有广泛分布。

红白鼯鼠是体型最大的鼯鼠，也称中国大鼯鼠，形似松鼠，体长可达半米以上。头短而圆，眼睛很大，眼圈赤栗色，瞳孔特别大，可以感受微弱光线，适宜在地洞黑暗的世界里生活。身体背面体毛为红色，面部和身体腹面为白色。尾长四十至五十厘米，几乎与身体的长度相等。

红白鼯鼠主要栖息于海拔一千米左右的山坡森林地带或石灰岩隐蔽处，常见于杨树、桦树等高大乔木的密林中。夜行性，具冬眠性。单独活动，以树木的果实、种子、嫩芽及昆虫等为食。善滑翔，飞膜可助其在树间快速滑行。

【农时】旱稻　育秧

旱稻到了这个时节，就可以育秧了。根据方式不同，可以分为水育秧法、湿润育秧法、旱育秧法、两段育秧法等。其中，水育秧是指在整个育秧期间，秧田以淹水管理为主的育秧方法，是我国稻区采用的传统育秧方法。利用水层可保温防寒和防除杂草，但长期淹水，土壤氧气不足，秧苗素质差，目前该法已很少采用。湿润育秧是介于水育秧和旱育秧之间的一种育秧方法，该育秧方式注重调整秧田中的水分，播种后出苗快，出苗整齐，有利于促进出苗扎根，防止烂芽死苗，也能较好地通过水分管理来促进和控制秧苗生长，已成为替代水育秧的基本育秧方法。

【美食】 刮凉粉

刮凉粉是湖南地区传统风味名小吃，尤其是在炎热漫长的夏季，备受当地人青睐。刮凉粉口味酸辣，清凉爽滑，能开胃消暑，是最富夏季特色的湘味之一。

主要原料为豆粉或一般淀粉。辅料有香油、酱油、醋、熟芝麻、蒜、味精、食盐等。

制作时，先用凉开水将豆粉或淀粉化开，调成糊状。然后把锅里的水烧开，把调好的粉糊倒入锅里，边倒边搅，搅成稠状，直至呈透明状态。最后将粉倒在干净的圆盆中，晾凉，反扣出来，再用专门的凉粉刮子刮成条，装碗。之后制作拌料，先在锅里倒油，再倒少许醋、盐、味精、香油和蒜，倒入盛有凉粉的碗里。放黄瓜丝和碎花生作为配料，根据个人口味放适量油泼辣椒。

也有地方把凉粉切成薄片，放进碗里，然后浇上盐水、酱油、香油、醋、辣椒油、味精，搅拌食用。配料还有香菜、豆腐干丝，口感爽嫩、香滑，另具风味。

【民俗】 庆鼓坛

庆鼓坛也称庆鼓堂，湖南城步地区的苗族一般在每年农历二月逢第一个卯日举行庆鼓坛节庆活动。分小庆、大庆两种，小庆也叫小祭、平祭，大庆也叫大祭、陡祭。按古制一般是一年一小庆，三年一大庆。但也有连续三年每年一小庆，又连续三年每年一大庆，所以也有『三年平，三年陡』的说法。城步苗族的庆鼓坛活动欢乐异常，也是邀请亲戚朋友走访玩耍、团聚一堂的好活动。

庆鼓坛祭祀活动较好地反映了苗族原始农耕文化遗俗。其中『抬丧踩田』的仪程再现了古时农作的场景。『抬丧踩田』的道具有踩田棍八根（八根踩田棍原称『抬丧棍』，因踩田棍三五根均可，而抬丧棍则必须为八根，多一根或少一根都不可）。在一阵锣鼓之后，八名苗装男子各持一根踩田棍（棍上端穿三个大米糍粑）成双左右偏移而进，伴着锣鼓节奏登场作耨田动作（亦为抬丧动作），绕堂一周后，成圆圈朝内合唱《踩田歌》：『亘古不知踩田好，禾苗落泥不扯草；后来抬丧田里走，才知籽粒长得饱；从此种田要踩田，一踩禾苗有三为……』

清明

虹始见

虹始见。虹，虹蜺也，《诗》所谓『螮蝀』，俗读去声也。注疏曰：『是阴阳交会之气，故先儒以为云薄漏日，日照雨滴则虹生焉。』今以水噀日，自剑视之则晕为虹。朱子曰：『日与雨交，倏然成质，阴阳不当交而交者，天地淫气也。』虹为雄，色赤白；蜺为雌，色青白。然二字皆从虫。《说文》曰：『似螮蝀状。』诸书又云：『尝见虹入溪饮水，其首如驴。』恐天地间亦有此种物也，但虹气似之借名也。

第十五候　虹始见

虹，就是虹与蜺，也就是《诗经》所说的『蝃蝀』，民间读成去声。注疏中说：『彩虹是阴阳交会之气，所以从前的学者认为云层薄处透过阳光，太阳照在雨滴上就在那里产生了彩虹。』现在含着水喷向太阳，逆光看去就晕染成彩虹。朱子说：『阳光和雨相交融，忽然就形成了形体，阴阳之气本不应交融却交融了，是因为天地之间浸满了阴阳之气。』虹是雄性的，红白颜色；蜺是雌性的，青白颜色。但这两个字又都是虫字旁的。《说文》里说：『彩虹就如同蝃蝀的样子。』各种书里又记载道：『曾有人见过虹到小溪中饮水，它的头像驴一样。』或许天地之间也有一种生物就叫虹，只是彩虹的虹好像借用了它的名字。

水宿仍余照，人烟复此亭。
驿边沙旧白，湖外草新青。
万象皆春气，孤槎自客星。
随波无限月，的的近南溟。

宿白沙驿·初过湖南五里　［唐］杜甫

杜甫，字子美，号少陵野老，唐代诗人，世称『诗圣』。杜甫半生漂沦，辗转避乱，晚年客居湖南，最终病逝在岳阳舟中。本诗就是诗人早春入湘时所作，傍晚投宿驿站，久久难眠，眼望白沙青草，天地回春，而自己老病缠身，孤苦无依，顿觉天涯沦落，不由望月感怀。

【虫鱼】 鳙

鳙，鲤形目鳙属，别名花鲢，俗称大头鲢、胖头鱼、大头鱼，为四大家鱼之一。原产于中国，在湖南的各水域中均有广泛分布和养殖。一般栖息在江河水库、湖泊的中上层，属滤食性，以细密的鳃耙滤食浮游生物，性情温和。鳙具有洄游习性，平时多生活在有一定流速的水中。生长迅速，最大个体可超过五十千克。

鱼体侧扁，头部特大，眼在头的下半部。背部暗黑色，有不规则的深色斑块，腹部灰白色且呈圆滑状。尾鳍叉形，背鳍硬棘三枚，背鳍软条七枚，臀鳍硬棘一至三枚，臀鳍软条十二至十四枚，体长一般为三四十厘米。

【草木】 木芙蓉

木芙蓉，锦葵目，木槿属，通常被称作芙蓉，是一种原产于中国的植物。在长江流域及其以南都有栽培，在湖南、四川两省较为常见。湖南因为境内广植木芙蓉，有着『芙蓉国』之美誉。

木芙蓉为落叶灌木或小乔木，高三四米。枝条较密，并生，有星状毛。叶为互生，呈阔卵圆形或圆卵形，掌状，三至五浅裂，先端尖或渐尖，两面有星状绒毛。木芙蓉花朵较大，单生于枝端叶腋，有红、粉红、白等色，花为单瓣或重瓣，花期为八至十月。蒴果扁球形，十至十一月成熟。

【农时】 棉花 播种

湖南是全国十个主要产棉省区之一，年种植面积六万公顷左右。全省适宜植棉的地域较广，棉田相对集中在常德、岳阳、益阳等地区；其他地区也有一定的种植面积，但较为分散。

温度是决定棉花播期的重要依据。根据气候条件，棉花播种期一般在四月中旬。但有的地区这个时期常有阴雨天气，气温低、土壤湿，常造成棉花苗病害重，死苗严重，不利于保全苗，需要按照具体天气状况抢时播种。

养猪业在湖南自古就很盛行，各地的习俗都不尽相同。新化人建好猪圈、牛栏后，开餐时若有人上门，必宴请入席，入席后吃得越多越好，不吃反倒令主人不悦。黔阳人新修完猪栏后，要宴请工匠在栏中吃饱，意借工匠之福，预示养猪膘壮肉肥。买回小猪，未进栏，先过火，『过火八百斤，长大无秤称』。郴县人喂猪讲究栏干食饱，杀猪习用一小碗血泼在猪栏门上，以祈『血财兴旺』。新田人买回猪仔要『过秤』，将秤砣索压到秤尾，用手一扶，高喊：『一秤到尾，猪大冇秤称！』送猪仔入栏时，在猪身上泼一些凉水，希望猪像涨水一样长得快。热天要在猪耳朵上用瓷片刺血『放痧』。猪仔当天不喂食，意在不吃『两家食』。城步一般人家不养公猪，多为孤寡人家饲养。租公猪只能一次，不能重复配种。母猪产仔，要在猪圈挂一只米筛和一只草鞋，并在其下夹放香纸，认为这样能避邪。安化人养猪要选头小嘴巴短，吃潲后脚岔开，尾巴不停摆动的猪仔。养别人的母猪，每窝仔要送一只给原主人，叫『随娘猪』。

谷雨

萍始生

萍始生。萍，水草也，与水相平，故曰『萍』。漂流随风，故又曰『漂』。《历解》曰：『萍，阴物，静以承阳也。』

第十六候　萍始生

萍，是一种水草，因为叶面与水面相平，所以叫『浮萍』。随风漂荡流动，所以也叫作『漂』。《历解》说：『浮萍属于阴性的东西，它是静静地漂浮着来承接阳气的。』

夕阳下，酒旆闲，两三航未曾着岸。
落花水香茅舍晚，断桥头卖鱼人散。

寿阳曲·远浦帆归　［元］马致远

这首小令是马致远潇湘八景系列作品的其中一首，描绘的是一幅暮春江村渔人晚归图，仅用二十七个字便描摹出江南渔村的闲适生活，既描绘了水村小镇黄昏归舟的美景，又写出了渔人劳作后的轻松及喜悦之情，表现了向往宁静生活的主题。全曲境界清淡闲远，远浦、酒旗、断桥、茅舍，远景近景，相得益彰，显示出一种疏淡旷雅、平和静谧的美。

【鸟兽】 黄缘闭壳龟

黄缘闭壳龟，俗称夹板龟、克蛇龟、断板龟，闭壳龟属，杂食性爬行动物。主要分布在中国南部、日本等地区，分布广泛。

常活动在森林边缘、河流、湖泊等潮湿处。陆生。伏于倒木、岩石及落叶下，下雨时常外出，也可能去水域活动。多栖于林缘或杂有稀疏灌木丛的杂草山中，活动地离水源不远，旱时多在有流水的溪谷附近。夏季以夜间活动为主，白天隐蔽于阴凉的柴草或溪谷边的乱石堆中。当气温低于十摄氏度时，进入冬眠。冬眠地多在阳坡，有杂草及细枝落叶堆成的较厚的覆盖层的地方。冬眠期为十一月初至翌年四月初。

四月中旬交配，五月下旬至九月中旬产卵，尤以六至七月为盛。每次产卵两枚，共产四至八枚，多于夜间产出。杂食。食昆虫类动物性食物及果实类植物性食物。受惊扰时，头、尾、四肢均能缩入甲壳内，腹甲向上完全与背甲接合，十分坚固。

【草木】湖南山核桃

湖南山核桃，胡桃科，山核桃属，多年生落叶乔木。原产于中国湖南，贵州、广西等地亦有分布。

树高十二至十四米，树皮灰白色至灰褐色，老枝灰黑色，当年生小枝密生锈褐色腺体。芽裸露，密被锈褐色腺体。叶羽状，叶柄近无毛而叶轴密被柔毛，小叶五至七枚，有稀疏毛。花长约四毫米。果实倒卵形，果核倒卵形，两侧略扁，两端尖，顶部有长一至二点五毫米的喙，基部偏斜，壳厚二至四毫米。

主要分布于平缓山谷，江河两侧的土层深厚之地亦有栽培。喜温暖湿润气候，较耐寒，零下十五摄氏度也不受冻害。但花期遇低温会影响开花授粉和花的发育。

《远浦归帆图》［宋］牧溪绘

【胜景】远浦归帆

远浦归帆是潇湘八景之一，据传原型在湘阴县城江边。

从橘子洲沿江北去一百余里，便到湘阴。每当黄昏，远山含黛，岸柳似烟，归帆点点，渔歌阵阵。夕阳西下，酒旗安闲地悬挂在门前，显得宁静恬淡。江上还有两三只小船儿还未曾靠岸。落花在水面弥漫着香气，茅舍进入了夜色之中。断桥头上卖鱼的人都已走散，等待归船的渔妇站在晚风斜阳中，一派水乡景象。

【民俗】 祭牛神

湖南民间认为谷雨是牛神生日，因此在这一天农家不役使耕牛，还喂牛精饲料，有的甚至煮甜酒冲蛋喂之，有的地方还敬牛王菩萨。所以民间有『牛歇谷雨人歇社』之谚。

牛神是农家敬奉的保护耕牛之神。祭祀牛神最早可追溯到春秋时代，牛神也被称为牛王。很多地方称牛神为『牛神冉真人』，传说牛王是孔子的学生冉耕。冉耕是春秋末鲁国人，字伯牛。他为人端正正派，善于待人接物。在孔子弟子中，以德行与颜渊、闵子骞并称，因恶疾早逝。孔子在他病危时哀叹：『亡之，命矣夫！』传说冉耕因喜好农耕，所以死后被玉帝封为牛神牛王，专司人间饲牛、耕作事宜。其实，冉耕之所以被奉为牛王，或有两种可能：其一，因其名与字中有耕、牛二字，与农耕用牛相合。其二，清代李绿园在《歧路灯》一书中说：『唐宋间农民赛牛神，例画百牛于壁，名百牛庙，后来讹起来，便成冉伯牛庙。』这就是明冯应京在《月令广义·岁令一》所说的：『牛有牛王之祀，而越俗有谬图冉伯牛之像以祭者。』关于牛神形象的说法虽然众多，却不妨碍湖南祭祀牛神的习俗流传至今。

谷雨

鸣鸠拂其羽

鸣鸠拂其羽。鸠，即鹰所化者，布谷也。拂，过击也。《本草》云：『拂羽，飞而翼拍其身，气使然也。』盖当三月之时，趋农急矣，鸠乃追逐而鸣，鼓羽直刺上飞，故俗称布谷。

第十七候　鸣鸠拂其羽

鸠，就是鹰所变成的，也就是布谷鸟。拂，就是拍打的意思。《本草》中说：『拂羽，飞起来并且用翅膀拍打身体，是阳气造成的。』因为正当农历三月的时候，催促农事非常急迫，布谷鸟于是追逐鸣叫，拍打翅膀笔直向上而飞，所以民间才称它为布谷。

百丈牵江色，孤舟泛日斜。
兴来犹杖屦，目断更云沙。
山鬼迷春竹，湘娥倚暮花。
湖南清绝地，万古一长嗟。

祠南夕望　［唐］杜甫

在湖湘一带，湘君、湘夫人的传说流传已逾数千年。秦汉之间，娥皇女英寻舜帝的故事逐渐与之合流，成为湖南地方文化重要的一环。本诗景色是杜甫在游览湘夫人祠后，傍晚于祠南远眺所见。湘江落日，孤舟云沙，春竹暮花，引发了诗人对历史与现实、家国与个人的无尽慨叹。

【鸟兽】 火斑鸠

火斑鸠，又称红鸠、红斑鸠、斑甲、红咖追、火鸪鷅，鸽形目，鸠鸽科，小型飞禽，主要分布于中国华北以南地区。

成年火斑鸠体长约二十三厘米，是鸠鸽科中体形较小的一种。额、头顶至后颈蓝灰色，颏和喉上部白色或蓝灰白色，黑色领环横跨后颈。背、肩、翅葡萄红色，腰、尾暗蓝灰色或灰黑色，具宽阔的白色端斑。最外侧尾羽外翈白色；飞羽暗褐色。喉至腹部淡葡萄红色，尾下覆羽白色。虹膜暗褐色，嘴黑色，基部较浅淡，脚褐红色，爪黑褐色。

常见于平原、草地成群觅食。主要栖息于开阔田野以及村庄附近。繁殖期二至八月。成对营巢繁殖，通常营巢于低山或山脚丛林和疏林中乔木树上，巢多置于隐蔽较好的低枝上。巢呈盘状，结构较为简单、粗糙，主要由少许枯树枝交错堆集而成。

【草木】 领春木

领春木，毛茛目，领春木科，落叶灌木或小乔木。分布于中国河北、山西、湖南、湖北、四川、贵州等省，印度也有分布。

高可达十五米；小枝无毛，芽卵形，鳞片深褐色，光亮。叶纸质，卵形或近圆形，少数椭圆卵形或椭圆披针形，先端渐尖，脉腋具丛毛，叶柄有柔毛后脱落。花丛生；苞片椭圆形，早落；花药红色，比花丝长，子房歪形，翅果棕色，种子卵形，黑色。

生长在海拔九百至三千六百米的溪边杂木林中。四至五月开花，七至八月结果。

领春木为典型的东亚植物区系成分的特征种，第三纪子遗植物和稀有珍贵的古老树种，对于研究古植物区系和古代地理气候有重要的学术价值。

【风物】 牺首兽面纹圆尊

商代晚期青铜器。通高七十三点二厘米、口径六十一厘米、底径三十一厘米。

一九六七年华容出土。尊为酒器，大敞口，折肩，折腹，高圈足。颈部饰有三道弦纹，腹部饰兽面纹，肩部有三个圆雕的牺首和三只立鸟相间排列。以云雷纹为地，纹饰粗大，比一般铜器上的地纹要粗大。腹部和圈足间有三个很大的『十』字形镂孔，是铸造时范模垫片留下的，之所以做成规范的形状，是为了保持器物的整体美感。特别的是，在兽面纹各部位如鼻端、嘴角、角根、耳根等处都装饰了小的乳钉纹。

这件铜尊是在废铜收购站偶然发现的。当时铜尊已严重破碎，文物工作者经过精心修复，才使这件艺术珍品重现原貌。该器造型高大，装饰精致，与著名的四羊方尊等湖南出土的商代青铜器一起，反映了湖湘文化在早期青铜时代已达到了极高的艺术与科技水平。

【民俗】 立秧树

《永州府志》记载：四月有鸟，名『布谷』，自呼其名，农夫听其鸣则犁耙入田。湖南乡间下种，以时之寒暖为迟速，间有清明布种者，亦因其时而兼相地耳。所以诗人才说『乡村四月闲人少』。但在播种季节，各种鸟类容易将播下的作物种子啄食，因此民间有很多驱逐禽鸟的习俗。

比如湘潭，就有『立秧树』的习俗。秧树的作用类似于稻草人。过去谷种下地要敬秧田菩萨，也就是稷神。祭祀时在一小竹竿上端夹一叠纸钱、三根线香，外套『和裟』红纸，竖于秧田中，以求育秧顺利，叫作『立秧树』。长沙地区谷种下田时，一般在田间扎假人，或悬假鹞，以防鸟雀偷吃。撒种时，须默默无言，忌孩童围观喧哗，违则恐遭鸟啄；忌妇女撒种，违则恐出苗不齐；撒完谷种不得拍簸箕或箩筐，必须绕秧田一周以示闭门，违则恐遭鼠啮。

谷雨

戴胜降于桑

戴胜降于桑。戴胜一名戴鵀，《尔雅注》曰：『头上有胜毛。』此时恒在于桑，盖蚕将生之候矣。言降者，重之若天而下，亦气使之然也。

第十八候　戴胜降于桑

戴胜也叫戴鵟，《尔雅注》中说：『戴胜鸟头上有胜毛。』这个时节戴胜常在桑树上，是因为到了蚕将要出现的季节了。之所以说『降』，是为了强调戴胜好像从天而降，这也是阳气造成的。

水生春缆没，日出野船开。
宿鸟行犹去，丛花笑不来。
人人伤白首，处处接金杯。
莫道新知要，南征且未回。

登白马潭　［唐］杜甫

白马潭在长沙东北昭山附近，山下昭潭相传是周昭王南征楚地时溺亡之处。诗人晚年入湘后，投亲奔友，怎奈友人亡故，亲人阻隔，辗转数年，终无所归。其间诗人曾三入长沙，此诗即是其间所作。春光虽好，斯人孤老，因而想起同是关中出身，却南征不归的昭王，不禁感怀。

【鸟兽】 戴胜

戴胜，犀鸟目，戴胜属，中型鸣禽，共有八个亚种。主要分布在欧洲、亚洲和北非地区，在中国有广泛分布。

依不同亚种，体长二十七厘米左右，翼展四十二至四十六厘米，体重五十五至八十克。头顶羽冠长而阔，呈扇形，颜色为棕红色或沙粉红色，具黑色端斑和白色次端斑。头侧和后颈淡棕色，上背和肩灰棕色。腰白色，尾羽黑色而中部具一白色横斑。颏、喉和上胸葡萄棕色。虹膜暗褐色。嘴细长而向下弯曲，黑色，脚和趾铅色或褐色。

栖息于山地、平原、森林、林缘、路边、河谷、农田、草地、村屯和果园等地方，尤其以林缘耕地生境较为常见。以虫类为食，在树上的洞内做窝。性活泼，喜潮湿地面，长长的嘴在地面翻动寻找食物。有警情时冠羽立起，起飞后再松懈下来。

【草木】 香蒲

香蒲，禾本目，香蒲属，多年生水生或沼生草本植物。我国东部、南部地区广泛分布，菲律宾、日本、俄罗斯及大洋洲等地亦有分布。

根状茎乳白色，地上茎粗壮，向上渐细，叶片条形，叶鞘抱茎，雌雄花序紧密连接，果皮具长形褐色斑点。种子褐色，微弯。

香蒲生于湖泊、池塘、沟渠、沼泽及河流缓流带。喜高温湿润气候，当气温下降到十摄氏度以下时，生长基本停止，越冬期间能耐零下九摄氏度低温，当气温升高到三十五摄氏度以上时，植株生长缓慢。最适水深为二十至六十厘米。对土壤要求不高，在黏土和砂壤土上均能生长。

香蒲是重要的水生经济植物之一，经济价值较高，花粉即蒲黄可入药；叶片用于编织、造纸等；幼叶基部和根状茎先端可作蔬食；雌花序可作枕芯和坐垫的填充物。此外，该种叶片挺拔，花序粗壮，可作为观赏植物。

【美食】 船家红烧肉

三湘之地，湖泽众多，自古便有鱼米之乡的美誉，又坐拥河湖交通之利，往来商贾云集，船运发达。渔家船家一多，自然便派生了船家菜。船家红烧肉便是个中代表。此菜色泽红亮，质地软烂，深得湘菜精髓。

主料为带皮猪五花肉，调料有料酒、精盐、味精、酱油、辣椒、八角茴香、桂皮、白糖、葱、姜、湿淀粉、香油等。

制作时，先将五花肉皮上的毛烙尽，刮洗干净，下入冷水锅煮熟，切块。锅内放入底箅，加入五花肉、清水、料酒、精盐、味精、白糖炒成的糖色、酱油、辣椒、八角茴香、桂皮、葱、姜，煨一小时至肉烂香浓为止。将红烧肉整齐摆放在盘内，再将煨的汤汁倒入锅内，勾芡，淋香油，浇在肉上即成。煨制时要掌握火候，火足而不过。

【民俗】 火龙除虫

火龙除虫是永州蓝山等地特有的习俗。由于古时候没有有效的杀虫剂，禾苗起虫害会对农业生产造成巨大损失。每当有禾田起虫，蓝山人就要编织火龙连耍三天，火龙到达每丘田后，请道士做道场送龙，最后将火龙送至河边。第三天，全村扎一草船，由道士到每家收取鸡毛、火屎炭、盐和茶叶等物，拿至河边，和草船、火龙一起焚烧。当时的人们相信这样即可消除虫灾。随着农业技术的进步和科学思想的传播，人们已不再相信耍火龙可以除虫，但舞火龙仍然作为一种民间传统习俗保留了下来。

夏

天有四时，其二曰夏。夏者，假也。宽假万物，使生长也。南方之神炎帝，秉礼，执衡，司夏。属火，色赤，主南方。

以夏历正月为岁首的历法，到汉武帝颁行《太初历》时才真正确定，这也使夏季正式成为每年第二季的开端。『夏』字甲骨文象一人举头望日之形，本义为炎热的夏日。自有夏一朝，『夏』逐渐成了华夏民族的符号。《释名》释『夏』为『假』，意思是宽假，也就是夏季万物都被宽容放纵，可以自由生长繁衍。神话中夏季由南方之神炎帝神农氏掌管。炎帝是上古南方的部落联盟首领，至今坟茔尚在湖南炎陵县境内。夏季五行属火象，代表色是红色，代表方位是南方。

立夏

蝼蝈鸣

蝼蝈鸣。蝼蝈，小虫，生穴土中，好夜出，今人谓之土狗是也；一名蝼蛄，一名石鼠，一名螜，各地方言之不同也。《淮南子》曰：『蝼蝈鸣，邱螾出。』阴气始而二物应之，《夏小正》『三月螜则鸣』是也。且有五能，不能成一技：飞不能过屋；缘不能穷木；泅不能渡谷；穴不能覆身；走不能先人。故《说文》称鼫为五技之鼠。《古今注》又以蝼名鼫鼠。可知《埤雅》《本草》俱以为臭虫，陆德明、郑康成以为蛙，皆非也。

第十九候　蝼蝈鸣

蝼蝈，是一种小虫，生长在土洞里，夜行性，就是现在的人所说的『土狗』；也叫蝼蛄，也叫石鼠，也叫螱，这是因为各地方言的不同。《淮南子》中说：『蝼蝈鸣叫，蚯蚓出土。』阴气开始产生，所以这两样生物就开始响应它，这正如《夏小正》中所说的『阴历三月蝼蝈就开始鸣叫了』。并且它虽然有五种能力，却不能成就一种本领：能飞，但是无法越过屋顶；能爬，但是无法爬到树顶；能游，但是无法横渡溪谷；能挖，但无法掩蔽身体；能跑，但是无法超过人类。所以《说文》把鼫称为五技之鼠。《古今注》中又用蝼来称呼鼫鼠。由此可知，《埤雅》《本草》认为蝼蝈指臭虫，陆德明、郑康成认为蝼蝈是青蛙，都是错误的。

春色沅湘尽，三年客始回。
夏云随北帆，同日过江来。
水漫荆门出，山平郢路开。
比肩羊叔子，千载岂无才。

四月一日过江赴荆州　［唐］张说

张说，字道济，唐代政治家、文学家，曾三次出任宰相。早年因触怒武则天而流放钦州，在途经湖南之时亦留下不少诗作，多表达政治抱负。本诗是作者初夏途经沅湘，北上荆州时所作，风水顺遂，高帆北向，湖湘壮阔的自然风光，映衬了诗人施展抱负的豪情壮怀。

【虫鱼】 黄颡鱼

黄颡鱼，鲿科，黄颡鱼属。主要分布于中国长江水系和珠江水系，在长沙地区又称为黄鸭叫。

体长约二十厘米，腹面平直，体后半部侧扁，尾柄较细长。头大且扁平，吻短，圆钝，上、下颌略等长，口大，下位，两颜及腭骨上有绒毛状齿带。眼小，侧位。须四对，鼻须末端可伸至眼后，上颌须一对，最长，颐须两对，较上颌须短。体裸露无鳞，侧线完全。

黄颡鱼是以肉食性为主的杂食性鱼类。觅食活动一般在夜间进行，食物包括虾、各种陆生和水生昆虫、小型软体动物和其他水生无脊椎动物，有时也捕食小型鱼类。其食性随环境和季节变化而有所差异，在春夏季节常吞食其他鱼的鱼卵。黄颡鱼对环境的适应能力较强，在静水或江河缓流中也能底栖生活。白天栖息于湖水底层，夜间则游到水上层觅食。所以在不良环境条件下也能生活。

【草木】 枇杷

枇杷，蔷薇目枇杷属，别名卢桔，又名金丸、琵琶，常绿小乔木。枇杷原产中国东南部，因叶子形状似乐器琵琶而得名。

树冠呈圆状，树干颇短，高可达十米。叶厚，深绿色，背面有绒毛，边缘成锯齿状。枇杷与大部分果树不同，在秋天或初冬开花，散冷香，果子在春天至初夏成熟，比很多水果都早，因此清代陈淏子在其著作《花镜》中称枇杷是『果木中独备四时之气者』。枇杷的花为白色或淡黄色，有五枚花瓣，直径约二厘米，以五至十朵成一束，可以作为蜜源作物。

【美食】口味虾

口味虾是兴起于长沙教育街、南门口等地的特色小吃，后来蔓延至全城乃至全省，至今长盛不衰。口味虾色艳、汤浓、味重，香辣无比，深受口味颇重的长沙人喜爱。这种虾在北方被称为『小龙虾』，最初生长在一些水塘里，人们很少会把它当成桌上的菜肴。后来也不知道是谁做了那第一个吃小龙虾的人，再经过很多厨艺高手对烹制方法的不断探索与钻研，到了今天，尤其是在长沙的夏季，吃口味虾已成了一道独特的风景线了。

口味虾的独到之处就在于它的奇辣无比。那是一种从脑壳一直辣到脚趾头的辣，辣得你舌头直伸，大呼过瘾。干完一杯冰啤酒后，连忙继续『作战』，生怕在这样的夜色中不饱餐一顿口味虾，便吃了亏。口味虾还有鲜艳的色彩——红艳艳的虾壳，白嫩嫩的虾肉，汤上浮着几根绿色的葱段和紫色的紫苏，再点缀几根嫩绿的香菜。从盆中拎起一只肥大通红的虾，两手使劲，扯下两只虾钳，然后轻轻掰开虾壳，露出弯月般的虾肉，不怕辣的食客还可以再蘸点汤汁。不同于上海人牙签剔蟹般的精致，长沙人吃口味虾透着一股子豪气。

【民俗】牛辍耕，敬谷王

农历四月初八，湖南大部分地区都要做糍粑，半夜祭祖。据《保靖县志辑要》记载，这一天农夫和耕牛都要休息一日，不耕作。

另外，桃源人在春季稻作季节时，还要在秧田边祭祀『谷王菩萨』，烧香焚纸，燃放鞭炮，磕头作揖，保佑丰收。讲究的人家还要敲锣打鼓，呈上祭品。至今在桃源地区还留有谷王殿等庙宇，以供当地人祭拜。敬谷王如今已经失去了祭祀原本的含义，而是单纯保留着形式，成了湖南民间传统习俗的一部分。

立夏

蚯蚓出

蚯蚓出。蚯蚓即地龙也。（「曲蟺」。）《历解》曰：「阴而屈者，乘阳而伸见也。」

第二十候　蚯蚓出

蚯蚓就是地龙。（也叫作『曲蟺』。）《历解》中说：『蚯蚓是在阴气中潜藏蜷缩的，趁着夏季阳气旺盛就伸展，所以就出现了。』

炎洲苦三伏，永日卧孤城。
赖此闲庭夜，萧条夜月明。
独歌还太息，幽感见余声。
江近鹤时叫，山深猿屡鸣。
息心观有欲，弃知返无名。
五十知天命，吾其达此生。

岳州夜坐　［唐］张说

岳州即湖南岳阳市古称。诗人张说在姚崇担任宰相之后，被不断排挤，一度被贬为岳州太守，此诗写于任上。湖南伏旱季节，正是每年最难熬的时段之一，诗人苦中作乐，月夜纳凉，作歌长叹。四下寂寥无人，唯有猿鹤和鸣。结尾引用黄老文句，聊以自宽。

【鸟兽】锯缘闭壳龟

锯缘闭壳龟，俗称八角龟、八棱龟、方龟，龟鳖目，闭壳龟属，杂食性爬行动物。在国内主要分布于广东、广西、海南、湖南等省区。在国外主要分布于越南、泰国、马来西亚。

头部适中，背部为灰褐色，散布蠕虫状花纹，眼后至额部有镶黑边的窄长条纹，上喙钩曲，眼较大。背甲为棕黄色，较隆起，上有三条嵴棱，前缘无齿，后缘具八齿。腹甲黄色，边缘具不规则大黑斑。成体背腹甲之间及胸盾与腹盾之间有韧带发育，仅腹甲前半可活动闭合于背甲。无腋盾及胯盾。尾短，四肢具覆瓦状鳞片，体型较大，肛孔距腹甲后缘较近，腹甲中央平坦。

锯缘摄龟主要栖息于热带和亚热带地区的丘陵山区，生活于较阴湿的环境中，喜欢在林荫下富含腐殖质的地被层中找寻蜗牛、蠕虫、昆虫等食物。一般离水源地不会太远，有定期饮水的习惯。

【农时】 油菜花 成熟 **大豆** 分枝

油菜花从终花到角果籽粒成熟的一段时间称为角果发育成熟期，是角果发育、种子形成、油分累积的过程。进入这一时节，油菜已经陆续到达完熟期，可以开始采收。新收油菜籽需要晾晒以避免霉变，如遇阴雨天气不能晾晒，也可采取拌盐法、密闭法、摊晾法、烘干法等方式脱水保存。

大豆植株经过一段时间生长，已经在这个时候开始分枝。

【美食】 原汁武陵甲鱼

原汁武陵甲鱼是武陵山区的特色菜，酥烂浓香，原汁原味，芡亮汁浓，鲜美可口。

主料为甲鱼，辅料有火腿、五花肉、口蘑等。

制作时先将五花肉洗净，切成块，下开水中氽过并洗净。姜切成米粒状，加醋兑成汁。甲鱼放血，再用开水烫过后扒搓去黄膜衣，再用开水烫到能刮去软裙边的黑膜时，即捞出放入凉水内。用刀刮干净，在底部中间直切一刀，放入冷水锅内煮一下，能去壳时捞出。再放入冷水内，把硬壳剥下，去掉内脏及食管、气管，剁去脚爪尖，拆下裙边，剁成块，裙边切条。将甲鱼肉盛入瓦钵之中，用黄酒、精盐腌十分钟，再用清水洗净，挤干甲鱼的腥水。用一个垫有底箅的砂钵，放入拍破的葱、姜，以及五花肉、蒜粒、火腿片、口蘑和甲鱼块，再加入黄酒、胡椒粉、精盐少许和清水，用盘盖上，在旺火上烧制。待烧开后，撇去浮沫，再调成小火煨至甲鱼软烂浓香。将甲鱼取出，翻扣在深盘内，去掉葱、姜、五花肉。把煨甲鱼的汤在火上烧开，加入味精、胡椒粉和葱段收浓，浇盖在甲鱼上，淋入鸡油即成。

【民俗】 扯秧莳田

扯秧指的是将秧苗从秧田中拔出来准备插秧，莳田就是插秧。

湘潭一带在开插前以纸钱牲饭酬过稷神，始得拔秧，叫作『开秧门』。新化头一天插田叫『开秧门』，插大田要推『打垄师』先下田『开垄』，『开垄』后第二个下田的人称『复垄』，之后大家依次下田，有一个人加快进度，即开展竞赛。赛至高潮，吆喝喧天，你追我赶，山歌顿起，热闹非凡。长沙人第一次扯秧，要点香烛，鸣铳放炮，叫『开秧田门』。

插秧又被称为『栽米树』，往往先得由插秧能手『劈页』，即在大田对岸插一杆，下田先栽几蔸，瞄准成线，到彼岸时，秧苗横直成线，远观好似展开的一页书。第二人从右边依『页』而栽，称为『削页』。其他人依次排开展开竞赛。桂阳称插秧为『莳田』，俗有『宁莳隔夜黄秧，不莳隔夜冷浆』『莳田杀禾，打不得啰嗦』等说法。沅陵更有『农人有以松针作秧插田中，击鼓群歌，以相贺者』之俗。湖南乡俗曰：『插天师傅扮禾客，踩田叫花惹不得。』主人会请插秧能手坐上位，敬米酒、麸子肉、盐鸭蛋，以示尊敬。

立夏

王瓜生

王瓜生。《图经》云：『王瓜处处有之，生平野、田宅及墙垣，叶似栝楼、乌药，圆无丫缺，有毛如刺，蔓生，五月开黄花，花下结子如弹丸，生青熟赤，根似葛，细而多糁，又名土瓜，一名落鸦瓜，今药中所用也。』《礼记》郑玄注曰：『即萆挈。』《本草》作『菝葜』，陶隐居以辨其谬，谓菝葜自有本条，殊不知王瓜亦自有本条，先儒当时如不检书而漫言者，可笑。

第二十一候　王瓜生

《图经》中说：『王瓜随处可见，生长在平原、农田、宅院和墙垣上，叶子像栝楼、乌药，圆形没有分叉残缺，长着像刺一样的毛，蔓生，农历五月开黄色的花，花下面结着弹珠一样的果子，未成熟时是青色的，成熟后变成红色，根像葛一样，很细并且有很多碎粒，又叫土瓜，也叫落鸦瓜，现在的药里用的就是这种植物。』《礼记》郑玄注解说：『王瓜就是萆挈。』《本草》中写作『菝葜』，陶弘景用这个来论证这一说法的错误，说菝葜是有自身主蔓的，却不知道王瓜也有自身的主蔓。从前的学者在那时好像没有查阅资料就轻易地下了结论，实在是可笑的事。

蛟室围青草，龙堆拥白沙。
护江盘古木，迎棹舞神鸦。
破浪南风正，收帆畏日斜。
云山千万叠，底处上仙槎。

舟泛洞庭　［唐］杜甫

洞庭湖八百里烟波，古来即是文人墨客流连之所。杜甫入湘之后一路南行，历时三月有余，有路远阻断的原因，更是因为诗人每到一处，必要登临览胜，泛舟江湖。本诗便是诗人徜徉洞庭之际所作，诗中湖畔青草白沙，古木神鸦，一如仙境神国，引人神往。

【虫鱼】鲥

鲥，鲱形目，鲥属。分布于中国南海及东海，洄游时见于长江、珠江、钱塘江等流域的中下游。

鲥为溯河产卵的洄游性鱼类，因每年定时于初夏时入江，其他时间较少出现，因此得名。鲥对水温要求较高，在水中总是不停游动。为滤食性鱼类，以浮游生物为主食，有时亦食硅藻及其他有机物的碎屑。在生殖洄游期间，亲鱼很少进食。

每年二月下旬至三月初，鲥由海洋溯河作生殖洄游，在五至七月，即在江河的支流或湖泊中有洄水缓流、沙质底的地带繁殖。产卵时间多在傍晚或清晨，生殖后亲鱼仍游归海中。幼鱼则进入江河支流或湖泊中觅食，到九至十月才入海。一部分鲥鱼会逆水而上到湖南境内。

历史上长江下游盛产鲥，以当涂至采石一带横江鲥鱼味道最佳，被誉为江南水中珍品，古为纳贡之物。鲥为中国珍稀名贵经济鱼类，与河豚、刀鱼齐名，并称『长江三鲜』。

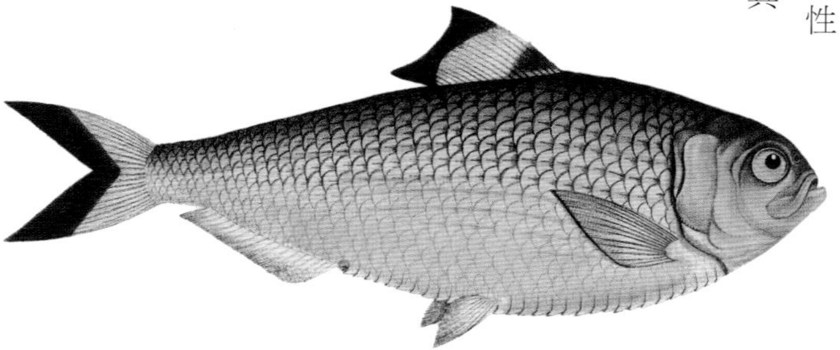

【草木】 疙瘩七

疙瘩七，五加科，人参属，多年生草本植物。疙瘩七为人参属中分布最广的品种，在我国分布于湖南、湖北、广西、西藏、陕西、甘肃、安徽、浙江、江西、福建、河南等地。野生于海拔一两千米的山谷阔叶林中，但只要气候适宜，低至海拔二十五米也可成活，土温低至零下六摄氏度也能安全越冬并生长良好。

主根肉质，圆柱形或纺锤形，淡黄色。根状茎很短，茎高三十至六十厘米。掌状复叶三至六片，轮生茎顶。小叶三至五片，中央一片最大，椭圆形或长椭圆形，先端长渐尖，基部楔形，下延，边缘有锯齿，上面脉上散生少数刚毛，下面无毛，最外一对侧生小叶较小。伞形花，单个顶生，花小，淡黄绿色。萼边缘有齿，花五瓣。果扁球形，成熟时呈鲜红色。

【美食】 网油蒸鲥鱼

这道菜鲜嫩清香，营养丰富，色调柔和，造型美观。烹调时不去鳞，因鳞下脂肪含量高，蒸制时渗入鱼肉，鲜美异常。

此菜品主料为鲥鱼，辅料有猪网油、火腿、口蘑，调料有黄酒、小葱、姜、味精、盐、香菜、鸡油、猪油等。

鲥鱼去鳃，从腹部剖开，除去内脏，在腹内接近脊骨处划一刀，去掉里面的污血块，洗净血水，再用精盐、黄酒抹遍鱼身，腌制片刻后再用清水洗净。将水发口蘑、熟火腿切成薄片。将网油洗净，在砧板上铺开，把鲥鱼放在中间，在鱼身上放口蘑片和火腿片，撒上精盐、味精，然后用网油包裹鱼身，放在盘中。淋上熟猪油，再放上葱结、姜片，上笼蒸熟，取出后去掉葱、姜。另烧鸡清汤倒入盘里，淋入鸡油，盘边拼放香菜即成。

【民俗】 踩田

踩田是湖南民间稻作习俗中的重要一环。踩田时人们光脚下田，一是踩松泥土，二是将杂草踩入泥中。踩田时通常要赛山歌，俗语有『踩田不唱歌，禾少稗子多』的说法。拖腔婉转，触景生情。人们便会接着唱『四蔸禾门大打开，姐问禾花几时开』之类的情歌，使得艰苦的劳作变得轻松有趣。

为什么要踩田呢？茶陵农村流传着这种说法：古时候，禾苗插在田里人们并不晓得要踩田，直到安葬神农炎帝，灵柩经过茶陵时，抬棺的人和手拄哭丧棍、唱着丧歌的送葬人在垄上秧田里踩过，把禾苗的根都踩松了，东倒西歪。奇怪的是，到了秋收时人们发现，凡是被踩过的田，稻谷反而收成特别好。从此，踩田的习俗便由茶陵传开了。茶陵人每年插秧十天左右过后，便手拄木棍，口唱踩田歌，模仿孝子拄哭丧棍、唱丧歌的样子，到禾田里踩田，踩松禾踩死杂草。这些习俗都成了湖南农业民俗的重要组成部分。

小满

苦菜秀

苦菜秀。《埤雅》以荼为苦菜，《毛诗》曰『谁谓荼苦』是也。鲍氏曰：『感火之气而苦味成。』《尔雅》曰：『不荣而实，谓之「秀」；荣而不实，谓之「英」。』此『苦菜』宜言『英』也。蔡邕《月令》以谓『苦荬菜』，非。

第二十二條 苦菜秀

《埤雅》中把茶树当作苦菜，《毛诗》中说『谁谓荼（荼就是茶）苦』，这种说法是对的。鲍氏说：『茶树感应夏季所代表的火象之气，于是积累了苦味。』《尔雅》中说：『不开花就结果，称为「秀」；开花却不结果，称为「英」。』这里的『苦菜秀』，其实应该是『苦菜英』。蔡邕在《月令》一书中认为苦菜指的是『苦荬菜』，这是不对的。

归舟宛何处，正值楚江平。
夕逗烟村宿，朝缘浦树行。
于役已弥岁，言旋今惬情。
乡郊尚千里，流目夏云生。

使还湘水　［唐］张九龄

诗人出使一年有余，终于得以返京，舟行湘水，初夏风物，触目生情，遂作此诗。诗人归心似箭，但帝京尚远，路遥千里，湘江水势正盛，汤汤北去，沿途迎村辞镇，仿佛与诗人同心。夏云高张，夏水满涨，故里虽遥，还乡可期。

【鸟兽】 黄鼬

黄鼬，古名鼪，别名黄鼠狼，鼬科鼬属，是一种小型食肉动物。在湖南的大部分地区都有分布。随着城市的大规模扩张，它们也开始出现在城市中，有的黄鼬甚至会向人类讨食。

其身体细长，腿较短，尾巴长度是身体的一半。毛发呈红黄色，嘴巴和下巴的毛发呈白色，前脸有黑色绒毛。它们主要以啮齿类动物（包括但不限于田鼠、松鼠、土拨鼠、飞鼠等）为食，偶尔也吃其他小型哺乳动物、爬行动物、鸟类、无脊椎动物和植物果实，有时甚至会吃鱼。它们会吃的果实包括松仁和猕猴桃，有存储多余食物的习性。

【草木】青钱柳

青钱柳，别山化树、山麻柳等，胡桃科，青钱柳属，落叶速生乔木。分布于包括湖南在内的我国南方多省，多为零星分布。青钱柳是第四纪冰期幸存下来的珍稀树种，仅存于中国。

青钱柳一般高达十至三十米，树皮灰色，叶长约二十厘米。果实扁球形，中部围有水平方向的革质圆盘状翅。它的枝叶美丽多姿，其果实像一串串铜钱，迎风摇曳，别具一格，颇具观赏性。

常生长在海拔五百至两千米的山地湿润森林中，喜光，幼苗稍耐阴。要求土层深厚，尤喜风化岩湿润土质。耐旱，萌芽力强，生长中速。花期四至五月，果期七至九月。

【美食】 笼蒸道州鲊肉

笼蒸道州鲊肉是一道传统名菜，属于湘菜系。鲊肉是道州（今道县）风味特产之一，是道州田席上一道必不可少的菜肴，继承了道州民间千百年来的传统特色，结合现代制作工艺和科学配方，选料考究精良，经过多道工序精制而成。酢肉集色香鲜脆辣于一体，口感独特，回味无穷。

该菜品主料为带皮五花肉，辅料有麦酱、红薯、大米、醪糟汁、红豆瓣油、红糖、花椒等。

制作时先将猪肉镊毛刮洗净，切片。红薯洗净，削皮，切块。红糖用水搅成糖汁。大米加花椒放锅中，用微火炒熟，待散出米香味时起锅，用石磨磨成粗粉状。肉片放入陶瓷钵内，加盐、姜末、醪糟汁、红豆瓣油、麦酱、红糖汁搅拌均匀，再下大米粉和转。红薯亦用大米粉与盐和转。把拌和好米粉的鲊肉，装入扣碗中，皮向下，一片搭一片，共十六片，两头各装两片。再将红薯块摆鲊肉上，入笼蒸，取出翻扣于粗瓷碗中，撒上葱花即成。

【民俗】 道州田席

湖南道州是宋代理学鼻祖周敦颐和清代名臣何凌汉的故乡，是江南的鱼米之乡，地灵人杰。勤劳智慧的道州人很早就形成了自己独特的饮食文化。道州民间喜庆筵宴，不管城镇、乡间，都要既丰盛，又实惠，务使座席上的客人吃饱喝足。主人还允许『带杂包』，把待客的杂糖、点心或席上剩的鲜肉、烧白之类，用菜叶子包起来，拿回家去『散』。数席及至数十席，咄嗟即办，人到开席。『三蒸九扣』是其主要菜式，一般称为田席。

『三蒸九扣』是道州农村流行的菜式，由于所需量大，事先蒸好，客人一到，便可上席。其蒸法常用的有三种，即清蒸、粉蒸、旱蒸。清蒸是只涂抹调料的蒸法，旱蒸则是什么也不加入的蒸法，粉蒸就是用米面拌和的蒸法。『扣』则是把蒸好的菜扣入另一碗上席，一般要鸡鸭鱼肉齐全，有九个品种，扣入九个碗中上席，谓之『九扣』。

民间的『三蒸九扣』菜，鲜肉是必不可少的一味。鲜肉肥糯，肥而不腻，红薯香甜，入口即化，有荤有素，搭配合理，深受当地人喜爱。

小满

靡草死

靡草死。郑康成、鲍景翔皆云『靡草，葶苈之属』。《礼记注》曰：『草之枝叶而靡细者。』方氏曰：『凡物感阳而生者则强而立，感阴而生者则柔而靡。谓之靡草，则至阴之所生也，故不胜至阳而死。』

第二十三候　靡草死

郑康成、鲍景翔都说『靡草是葶苈之类的植物』,《礼记注》中说:『靡草是一种枝叶低伏细碎的草本植物。』方氏说:『大凡生物中受阳气感召而生长的就会长得坚实并且直立,受阴气感召而生长的就会长得柔嫩并且低伏,称为靡草。就是因为它是在极阴之气中诞生的,所以无法抵御极阳之气就枯萎死去了。』

二八相招携，采菱渡前溪。
弱腕随桡起，纤腰向舸低。
自解看花笑，憎闻染竹啼。

湘川新曲（其二）［唐］杜易简

杜易简，唐代诗人。少聪慧，九岁即能属文。本诗选取了湖南民间夏季极具代表性的采菱泛舟等活动作为主题，主人公乃是二八韶华的少女，寥寥数笔，既使人物夏日嬉游时的举手投足、颦笑思虑等跃然纸上，又将湖湘夏日的游愉风雅尽呈读者面前。

【虫鱼】大鲵

大鲵，是大鲵属的一种，别名中国娃娃鱼、娃娃鱼，乃生活在淡水中的两栖动物。目前世界上最早的大鲵化石出土于中国内蒙古，距今约一亿六千五百万年，所以大鲵可被称为『活化石』。现时湖南、山西、陕西、广东、广西等地，都有人工养殖的大鲵分布；野生大鲵则极为稀少，主要于长江、黄河及珠江流域海拔一千五百米以上的支流中被发现。大鲵是国家二级重点保护野生动物。

大鲵是现存两栖动物当中体型最大的一种，一般身长约六十至七十厘米，大的可长达一点八米，重达三十千克。背呈棕褐色，有黑色斑块，腹色较淡，头扁宽，生有成对的疣突，头的背面有极小的鼻孔和眼，口大，躯扁而粗壮，尾短而侧扁，四肢很短，前肢四指，后肢五趾，趾间有蹼。因叫声像婴儿啼哭，故又名『娃娃鱼』，但实属两栖动物，并不属于鱼类。

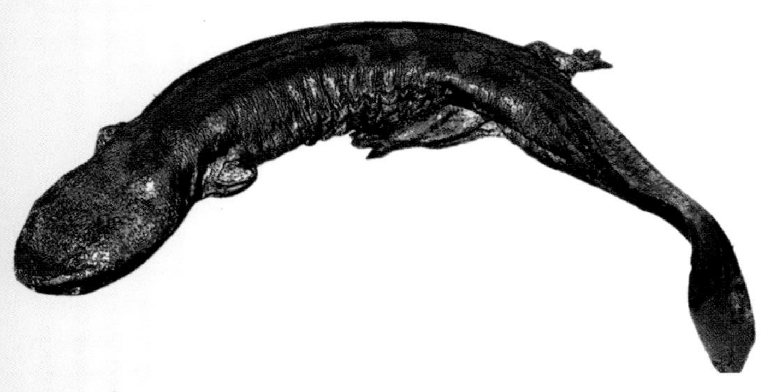

【草木】 摆竹

摆竹，别名泪竹、斑竹、倭形竹等，是禾本科大节竹属植物。在长江以南地区皆有分布，自古盛产于湖南九嶷山等地。在古代传说中，舜帝的妃子娥皇和女英千里追寻舜帝，到君山后听闻舜帝驾崩，抱竹痛哭，流泪成血，落在竹子上形成斑点，所以此竹又名『泪竹』『湘妃竹』。

竹竿高可达十五米，直径十厘米，但常见者较为矮小。新竿深绿色，老竿渐转为绿黄色或黄色，表面易遭病菌侵染而形成不规则的褐紫色斑点或斑纹。笋期四月，花期六至七月。

湘妃竹主要分布于海拔三百至一千二百米山区。耐阴性强，阳光下栽培则常生长不良。适应性强，对土壤要求不严，喜酸性、肥沃和排水良好的砂壤。

【美食】苗家粉蒸肉

苗家粉蒸肉是湘西的一道特色菜。当地出产一种带糯性但产量极低的小米。一般选用较肥厚的细嫩猪肉，拌合用小米磨成的粉，加上丰富的佐料，放在锅里蒸煮，待糯米粉和肉熟透后即可。味道鲜美可口，营养价值很高。

主料是五花肉，配料有糯米粉、小金瓜等，调料有植物油、八角、辣酱、豆瓣酱、酱油、盐、鸡精、红油等。

制作时先将五花肉洗净，切成片，加入糯米粉、调料和清水腌制，上笼蒸至软烂，取出备用。将小金瓜雕刻成花形图案，过水。最后将蒸好的粉蒸肉放入小金瓜内，继续上笼蒸约二十分钟即成。

【民俗】 姑娘节

每年农历四月初八是绥宁苗族一个非常重要的传统节日。他们在这天举行各种隆重仪式，为的是庆祝当地苗族的『姑娘节』。相传在很久以前，苗族姑娘杨黎娘的哥哥因得罪官府而被羁押，杨黎娘每次将做好的饭菜送过去都会被狱卒和其他囚犯抢食一空，其哥哥饿得性命堪忧。机智的杨黎娘用杨桐木叶的汁液把白米饭做成乌米饭，这样狱卒和其他囚犯怕饭有毒不再抢食，她的哥哥得以饱餐，体力逐渐恢复，在农历四月初八兄妹俩里应外合越狱逃走。从此每逢四月初八，杨家都要把出嫁的姑娘接回娘家过节，举行隆重的祭拜祖先仪式。『四月八』姑娘节也是苗族青年男女的情人节。当地的年轻人一起吃黑米饭、跳苗舞、对山歌、唱傩戏、吹木叶、听苗笛，这都是多情的苗族儿女表达火热爱情的方式。除了吃黑米饭外，苗族群众还用喝烧米酒、唱大歌等活动来庆祝姑娘节。白天他们会在林间僻静之处的茶棚内互对情歌，互诉衷情。这种合唱形式的山歌叫『歌』。苗寨群众从小人人会唱。婚嫁、待客时唱，吃饭、喝酒时唱，甚至连饮茶、担水时也唱，它已经融入苗族群众的日常生活之中。

小满

麦秋至

麦秋至。秋者，百谷成熟之期。此于时虽夏，于麦则秋，故云麦秋也。

第二十四候　麦秋至

『秋』一般是各种谷物成熟的时节和标志。这一时段在季节上虽然属于夏季，但对于麦子而言则到了收获的季节，所以称为麦秋。

沅溪夏晚足凉风，春酒相携就竹丛。
莫道弦歌愁远谪，青山明月不曾空。

龙标野宴　［唐］王昌龄

湖南地域广阔，民俗众多，但相同的一点是，各地皆有年节酿酒的习俗，所不同者仅在造法而已，春酒又是其中很重要的一种。诗人笔下，春末夏初之夜，凉风习习，竹林野宴，鼓弦作歌，别具风情。后世欧阳修有『醉翁之乐』，虽然时空相隔，却也同样旷达，与此异曲同工。

【草木】 中华萍蓬草

中华萍蓬草，睡莲科，萍蓬草属，多年生水生草本植物，为中国特有。

叶纸质，心状卵形，长八点五至十五厘米，叶柄长约四十厘米。花直径五至六厘米。萼片长圆形或倒卵形，花瓣宽条形。柱头盘十二裂，离生且远离，超出柱头边缘。浆果直径两厘米。种子卵形，长约三毫米，浅褐色。

性喜在温暖、湿润、阳光充足的环境中生长。对土壤要求不严，以土质肥沃略带黏性为宜。适宜生长的水深为三十至六十厘米。生长适宜温度为十五至三十二摄氏度，温度降至十二摄氏度以下时停止生长。耐低温，长江以南越冬不需防寒。

【风物】 长沙铜官窑

长沙铜官窑，又称长沙窑，为唐五代时期南方民窑，出产的瓷器品类繁多，同时创制了多种装饰技法。长沙窑坐落在湖南省长沙市望城区，因为最初发现地在铜官镇瓦渣坪，又称铜官窑、望城窑、瓦渣坪窑。根据遗址地层推断，窑场创烧于唐，五代为其极盛期，其后衰落。

长沙窑瓷器的胎质多为灰白色，釉色以青、绿、蓝、酱、黄等色为主，釉层较厚。造型美观别致，样式新颖多变，瓷塑的动物玩具更是生动活泼，栩栩如生。而将文字和绘画用于纹饰，也是它的一大特色。文字有民歌、诗文、谚语等，书写在器物明处。绘画有山水、人物、花鸟等题材，图案清新自然，颇具生活情趣。考古发掘出土大量釉下彩器物，系此前未见之工艺，此地也因此被视为釉下彩装饰的源头，对宋彩绘瓷的发展有重要影响，在中国陶瓷史上具有重要的地位。

【美食】五柳鳜鱼

五柳鳜鱼是一道由鲜鳜鱼、水发香菇等食材制成的特色湘菜。选取湖南当地所产河鲜鳜鱼，刀工均匀，旺火蒸制。该菜品色彩美观，肉质鲜嫩，甜酸香辣，有鲜明的地方特色。

主料是鲜鳜鱼一条；配料有水发香菇、冬笋等；调料有红辣椒、甜酱瓜、香菜、鲜姜、香葱、蒜、料酒、香醋、酱油、白糖、精盐、胡椒粉、湿淀粉、肉汤、香油、猪油等。

制作时先将鳜鱼去鳞、鳃，开膛去净内脏，充分洗净。把红辣椒、冬笋、香菇、甜酱瓜、鲜姜、香葱及蒜均切成丝，香菜切段，余下的姜、香葱捣成汁。将葱姜汁、精盐、胡椒粉及料酒调匀抹在鳜鱼身上及膛内，腌渍入味。将鱼放入蒸锅内蒸熟，沥去汤汁。锅内放猪油烧热，下入全部配料丝略炒，再放入除湿淀粉外的全部调料炒开，用湿淀粉勾兑，出锅后浇在蒸好的鳜鱼上即成。

《鱼藻图》（局部）

【民俗】 蚕忌

古代湖南等地以农历四月为『蚕月』，出现了蚕忌习俗。南宋诗人范成大《晚春田园杂兴》：『三旬蚕忌闭门中，邻曲都无步往踪。』古语云：『秧开五叶，蚕长三眠，人皆忙迫。』可见养蚕时节人们十分忙碌。《礼记·月令》：季春之月，『命野虞无伐桑柘。鸣鸠拂其羽，戴胜降于桑，具曲植籧筐。后妃斋戒，亲东乡躬桑。禁妇女毋观，省妇使，以劝蚕事。蚕事既登，分茧称丝效功，以共郊庙之服，无有敢惰。』劝蚕礼仪，气氛神秘。养蚕是细活儿，幼蚕娇嫩，对温度湿度很敏感，稍有不慎，就会影响收成。养蚕所忌不止这些，吴越将《逼鼠蚕猫》的画贴在门上，提醒人们养蚕须防鼠，同时也是在告知外人，养蚕时节请遵守蚕忌习俗，勿扰养蚕人家的清静。

芒种

螳螂生

螳螂生。螳螂，草虫也，饮风食露，感一阴之气而生，能捕蝉而食，故又名『杀虫』；曰『天马』，言其飞捷如马也；曰『斧虫』，以前二足如斧也。尚名不一，各随其地而称之。深秋生子于林木间，一壳百子，至此时则破壳而出，药中桑螵蛸是也。

第二十五候　螳螂生

螳螂，是一种草虫，以风露为食，感应到夏季开始产生的微弱阴气而出生，能够捕食蝉等昆虫，因此又叫作『杀虫』；也叫『天马』，是说它飞起来像马一样迅捷；还叫『斧虫』，是因为它的前肢像斧头一样。此外还有很多别称，地域不同叫法也不一样。螳螂深秋时节在树林中产子，一个卵壳中有上百个幼虫，第二年到这个时节就会破壳而出，中药里的桑螵蛸就是这个东西。

鸣榔罢，闪暮光，绿杨堤数声渔唱。
挂柴门几家闲晒网，都撮在捕鱼图上。

寿阳曲·渔村夕照　［元］马致远

这首小令是马致远的潇湘八景曲之一。傍晚渔人不再敲打系在船舷上驱鱼入网的长木棒，小渔村旁水面鳞光闪闪，暮色茫茫，渔家晒网，渔人闲唱。词句虽短，但渔乡晚景已通过作者浅浅几笔跃然纸上。

【鸟兽】貉

貉，食肉目，犬科，小型杂食动物。貉是东亚特有动物，二十世纪上半叶被引入欧洲北部和东部。貉被引入欧洲后，曾在部分地区快速扩散。

貉被认为是类似犬科祖先的物种。体型短而肥壮，介于浣熊和狗之间，小于犬、狐。体色乌棕。吻部白色，四肢短呈黑色，尾巴粗短。脸部有一块黑色的「海盗似的面罩」。

貉栖息于阔叶林中开阔、接近水源的地方或开阔草甸、茂密的灌丛带和芦苇地；很少见于高山的茂密森林。夜行性，沿着河岸、湖边以及海边觅食，食谱广泛，包括鸟类、小型哺乳动物和水果。以成对或临时式的家族群体被发现。与大多数的犬科成员不同，它比较善于爬树。貉也是犬科动物中唯一一种在冬季休眠的动物，在秋季大量取食，直到体重增加一半为止。

【农时】早稻　孕穗

早稻在此时开始孕穗，应追加穗肥。穗肥应因地制宜施用：一是晒田后稻株叶色褪得较快、复水后叶色回绿较慢的肥力不足、养分缺乏的田块，应及时施用穗肥。一般可在幼穗分化期追加肥料，以起到保花增粒的作用。二是晒田复水后，对叶色转绿快的田块，要待其叶色开始褪淡时，补施少量穗肥。三是晒田复水后，转绿不褪色的田块，不宜再施穗肥，否则会造成后期贪青晚熟，达不到增产的目的。

【风物】 渔村夕照

陶渊明在《桃花源记》中说『武陵人捕鱼为业』。武陵人因为捕鱼迷路而发现了桃花源，他们所居住的渔村也成了文人墨客所憧憬的地方。白天渔人撒网，傍晚收拾渔网，提着肥美的鲜鱼，在夕阳的斜照中唱着渔歌回家。

潇湘八景中的渔村夕照，据传原型是位于沅江西岸的白鳞洲村。自古以来无数文人墨客以此为题，留下了很多诗篇，甚至一些帝皇也对此颇为神往。宋宁宗赵扩在《潇湘八景·渔村夕照》中绘声绘色地描述了『傍舍收鱼网，隔溪横钓槎』的渔村生活，明宣宗朱瞻基在《潇湘八景画·渔村夕照》一诗中也留下了『晴岚霏白夕阳红，渺渺江村天欲暮』的诗句。

【民俗】 渔禁

为了使河湖中的渔业资源长期可持续，我国古代就有渔业『时禁』：『污池渊沼川泽，谨其时禁，故鱼鳖优多而百姓有余用也。』规定一年之中春、秋和冬为捕鱼季节，『夏三月川泽不入网罟，以成鱼鳖之长』。《荀子·王制》要求『鼋鼍、鱼、鳖、鳅、鳣孕别之时，罔罟毒药不入泽，不夭其生，不绝其长也』，规定不准在鱼鳖等的繁殖季节进行捕捞。《国语·鲁语》曰『鱼禁鲲鲕』，『鲲』为鱼子，『鲕』为小鱼，则进一步明确捕鱼的限制。湖南一地也不例外。湖南下峒梅山在水田或水塘捉泥鳅时，把捉到的第一条泥鳅用口咬断尾巴后放回水里，据说这样可使泥鳅源源不断。当人们再次捉到那条被咬断尾巴的泥鳅时，整个捉泥鳅的活动就必须结束了。劳动人民朴素的生产生活实践，为人与自然的和谐相处树立了典范。

芒种

鵙始鸣

鵙始鸣。鵙，百劳也，《本草》作『博劳』，朱子《孟注》曰：『博劳，恶声之鸟。』盖枭类也。曹子建《恶鸟论》：『百劳以五月鸣，其声鵙鵙然。』故以之立名，似俗称浊温。故《埤雅》《禽经》注云：『伯劳不能翱翔，直飞而已。』《毛诗》曰：『七月鸣鵙。』盖周七月，夏五月也。

第二十六候　鵙始鸣

鵙，就是伯劳鸟，《本草》中写作『博劳』；朱熹《孟子集注》里说：『博劳，是声音不祥的鸟。』大约和猫头鹰是一类的。曹子建在《恶鸟论》里说：『伯劳在五月开始鸣叫，它的声音听起来像「鵙鵙」的样子。』所以就用这个字给它命名，好像就是民间所说的『浊温』。所以《埤雅》《禽经》注中说：『伯劳鸟不能在天上高飞或盘旋，只能直上直下地飞。』《毛诗》中说：『七月鸣鵙。』这是因为周历七月就是夏历的五月。

客子庖厨薄，江楼枕席清。
衰年病只瘦，长夏想为情。
滑忆雕胡饭，香闻锦带羹。
溜匙兼暖腹，谁欲致杯罂。

江阁卧病走笔寄呈崔卢两侍御　［唐］杜甫

杜甫晚年流落潇湘，贫病交加，生活困顿。本诗中提到的『雕胡饭』，是用雕胡米即菰的籽实做的，『锦带羹』是用莼菜做的。菰和莼都是长江流域常见的植物，自古以来在洞庭湖区域就有很多烹调它们的独特菜色。诗人纵然长夏卧病、日渐消瘦，却不改一生的达观与淡泊。

【鸟兽】 棕背伯劳

棕背伯劳，雀形目，伯劳科，中型肉食性鸣禽。分布于我国长江以南地区，西亚、中亚、南亚和东南亚地区亦有分布。

棕背伯劳属伯劳中体型较大者，体长二十三至二十八厘米。喙粗壮而侧扁，先端具利钩和齿突，嘴须发达，翅短圆，尾长。头大，背棕红色。尾黑色，外侧尾羽皮黄褐色。

栖息于低山丘陵和山脚平原地区，夏季可上到海拔两千米左右的中山次生阔叶林和混交林的林缘地带。留鸟。除繁殖期成对活动外，多单独活动。常在林旁、农田、果园、河谷、路旁和林缘地带的乔木树上与灌丛中活动。性凶猛，不仅善于捕食昆虫，也能捕杀小鸟、蛙和小型啮齿类动物。领域性甚强，特别是繁殖期间，常常保卫自己的领域而驱赶入侵者，当见人或情绪激动时，尾常向两边不停地摆动。

【草木】 薜荔

薜荔是桑科榕属的植物，别名木莲。其种子浸出的黏液可制造凉粉及清凉饮料，也可入药。广泛分布于亚洲地区，湖南各地均可见。

常绿蔓茎灌木，枝叶折断后有白色乳汁。幼枝细，以气根匍匐于树干、石面或墙壁；老枝直立坚硬，无气根，节明显，有点状皮孔。长椭圆形或倒卵形叶片互生；初夏开花，花多而小，单性，隐于花托中，梨形花托单生于老枝的叶腋；隐花果。多攀附于树木或岩石上。性喜温暖潮湿的气候。

【农时】湘莲　花期开始

湘莲花期开始，应重施花肥。花期是湘莲生长的重要时期，施好、施足花肥才能确保湘莲的稳产、高产。一般当栽植团外一点五米范围内长满莲苗后，将水层降至两厘米，施肥并翻耕一次，将肥料翻入泥中。生长期间要加强水分管理。花期气温较高，水层应加深到十五厘米以上，有条件的可逐渐加深到二十厘米。

【民俗】 除虫避秽

端午节前后除虫避秽是古已有之的民俗传统，在湖南地区也不例外。洒雄黄水、激浊除腐、杀菌防病这些活动也反映了中华民族的优良卫生传统。端午节上山采药，则是我国各个民族共同的习俗。『端午节前都是草，端午来到都是药。』采的草药有久明光、天泡草、苦瓜叶、马齿苋、蒲公英、苦秣菜、金银花等。其中前三种是外用药，能防疮疖及痱子；后三种是内服药，能防痢、消炎、清肺热。小孩涂雄黄于前额作『王』字形，谓可保清洁平安。清水一杯加少量雄黄服用，或用雄黄水洗眼，谓可免眼疾。用雄黄水遍洒室内，谓可除蟑螂跳蚤。有的家庭，让小孩子胸前佩戴香袋、符篆、大蒜，除毒杀虫避秽，谓可避邪。张家界人『以雄黄涂小儿面及墙壁，谓可却厉』。沅陵人『磨雄黄酒点小儿头额及手足掌心』。耒阳人『涂雄黄于小儿额以压病。悬艾虎于门，洒蒜汁于地以避蛇。煎百草汤沐浴，或燃灯灸穴道，以祛疾解毒。亲友以角黍、香囊相馈遗』。桂阳人『采杂药煎汤以浴，并灸火』。这些做法的所谓防病效果随着社会进步已经消解，但作为传统民俗却有很大的文化价值。

芒种

反舌无声

反舌无声，诸书以为百舌鸟，以其能反复其舌，故名。特注疏以为虾蟆，盖蛙属之舌尖向内，故名之。今辨其非者，以其此时正鸣，不知失考也，《易通卦验》亦名为『虾蟆无声』，若以五月正鸣，殊不知初旬见形后，形亦藏矣。陈氏曰：『螳螂、䴗皆阴类，感微阴而或生或鸣，反舌感阳而发，遇微阴而无声也。』

第二十七候　反舌无声

各种书中都认为『反舌』是百舌鸟，是因为这种鸟能翻转它的舌头，鸣啭丰富多变，所以叫『反舌』。不过注疏里面把反舌解释为虾蟆，大概是因为蛙类的舌尖向内，所以叫『反舌』。现在之所以要反驳『反舌』是百舌鸟的说法，是因为百舌鸟在这个季候还在照常鸣叫，并没有消失，《易通卦验》也把这种候象叫作『虾蟆无声』，如果认为蛤蟆五月正在鸣叫，却不知蛤蟆在五月上旬开始出没后，很快它们的踪迹也会潜藏起来。陈氏说：『螳螂、伯劳鸟都是属阴的生物，感受到微弱的阴气出现就出生或者鸣叫，反舌是感受到阳气而活动的，遇到夏季开始产生的微弱阴气就悄无声息，不再鸣叫了。』

五载朝天子，三湘逢旧僚。
扁舟方辍棹，清论遂终朝。
远树烟间没，长江地际摇。
帝城驰梦想，归帆满风飙。

自荆湖入朝至岳阳奉别张燕公　［唐］王琚

本诗作者在前往长安的途中，经过岳阳，写下此诗。作者在三湘之地与旧僚张燕公重逢，除了与之清谈终朝外，还同赏岳阳风光。『远树烟间没，长江地际摇』精炼地展现了洞庭湖烟波浩渺、苍茫无垠、风起浪涌、摇荡河川的雄浑气势，也侧面反映夏季长江流域雨量丰沛、洞庭湖蓄满来水的盛况。

【鸟兽】 蓝翡翠

蓝翡翠，佛法僧目，翠鸟科，小型肉食性鸟类。主要分布在东亚、东南亚及南亚。

雄性体长二百八十至三百一十毫米，雌性体长二百五十至三百一十毫米。体色以蓝色、白色及黑色为主。头黑，翼上覆羽黑色，上体其余为亮丽华贵的蓝紫色。

主要是留鸟，部分为夏候鸟。常单独活动，多停息在河边树桩和岩石上，有时也在临近河边小树的低枝上停息。常注视水面，一见鱼虾，立即扎入水中捕取。有时亦悬浮于空中注视水面，伺机而动。通常在树枝上或石头上将捕获的食物摔死后整条吞食。主要以小鱼、虾、蟹和水生昆虫等为食，也吃蛙和鞘翅目、鳞翅昆虫及其幼虫。

【草木】七叶一枝花

七叶一枝花，又名蚤休、草河车、重楼、灯台七、七叶莲等，藜芦科，重楼属，多年生草本植物。分布于我国长江以南地区，不丹、越南、尼泊尔等国也有分布。

其特征是由一圈轮生的叶子中冒出一朵花，花的形状像极了它的叶子，它可以分成两个部分——外轮花及内轮花，外轮花与叶子很像，约有六片，而内轮花约有八片。七叶一枝花的叶序属轮生叶，片数有个体差异，从四片到十四片都有，通常为七片。花的结构特别，叶心如轮状会开花，花萼为绿色，花瓣呈细丝带状。

生长于海拔一千八百至三千二百米地区的林下。喜温、喜湿、喜阴，但也抗寒、耐旱，惧怕霜冻和阳光。适宜在有机质、腐殖质含量较高的砂土和壤土种植，尤以在河边、背阴山坡种植为宜。花期四至六月，果期十至十一月。

【美食】焦麻泥蛙腿

泥蛙即虎纹蛙，人工养殖的品种是我国重要的经济蛙类之一，风味独特，味道鲜美，营养价值很高。焦麻泥蛙腿色泽酱红，汁少芡薄，外焦内软，鲜香酸辣，深受湖南人喜爱。

主料为生泥蛙腿，配料有鲜红椒、蒜瓣、鲜紫苏叶，调料有湿淀粉、花椒粉、杂骨汤、料酒、黄醋、酱油、味精、盐、芝麻油、熟猪油等。

制作时先将泥蛙腿洗净去掉脚板，砸断腿骨，盛入碗中，加入湿淀粉、料酒、酱油抓匀。将鲜红椒洗净去蒂去籽，与蒜瓣均切成小片。把鲜紫苏叶洗净切碎。将黄醋、酱油、芝麻油、味精、湿淀粉、杂骨汤兑成汁备用。把炒锅置旺火上，放入熟猪油，烧至七成热时，下泥蛙腿炸一下迅速捞出，待油温回升到七成热时，再下泥蛙腿炸至金黄色，连油倒入漏勺沥油。锅内留油少许，烧至六成热时，下鲜红椒、蒜瓣、精盐炒几下，再下泥蛙腿、鲜紫苏叶合炒几下，淋上兑好的料汁，持锅颠几下，盛入盘中，撒上花椒粉即成。

【民俗】 种竹

湖南是重要的竹材和竹制品产区，种竹也有很多相关的习俗。人们通常在农历五月十三种竹，这种习俗已有千年历史。《岳阳风土记》中记载：『五月十三日，谓之「龙生日」，可种竹。《齐民要术》所谓竹醉日也。』

竹常年青翠，是平安的象征，有竹报平安的说法；竹子充满生机和活力，生命力旺盛，繁殖能力强，有『生旺』的说法。因此竹子是非常好的园林植物，才会有『住宅四畔竹木青翠，财运好』的风水俗语流传。

竹子有节，在门外种植竹子寓意节节高升。黄金竹寓意黄金万两、招财进宝、事业辉煌、财源广进，做生意的人多喜欢在院外种植。玉韵竹金玉颜色相间，象征着金玉满堂、福寿安康。观音竹有吉祥、保平安的美好寓意，所以很多地方都有门前种竹、子孙享福的说法。

夏至

鹿角解

鹿角解。鹿，形小，山兽也，属阳，角支向前与黄牛一同；麋，形大，泽兽也，属阴，角支向后与水牛一同。夏至一阴生，感阴气而鹿角解。解，角退落也。冬至一阳生，麋感阳气而角解矣，是夏至阳之极，冬至阴之极也。

第二十八候　鹿角解

鹿，是一种栖息在山间的小型野兽，是属阳的生物，它的角的枝杈和黄牛一样朝向前方；麋，是一种栖息在湿地的大型野兽，是属阴的生物，它的角的枝杈和水牛一样朝向后方。夏至日微弱的阴气开始产生，鹿感受到阴气，所以开始脱落鹿角。解，是说鹿角脱落了。冬至日微弱的阳气开始产生，麋感受到阳气，所以角开始脱落。这是因为夏至是阳气的极点，冬至是阴气的极点。

瘴气晓氛氲，南山复水云。
鲲飞今始见，鸟坠旧来闻。
地接长沙近，江从汨渚分。
贾生曾吊屈，予亦痛斯文。

晓入南山　［唐］孟浩然

诗题中『南山』指的并非终南山，而是南岳衡山。作为游记类诗歌，作者先从衡山云雾变幻、犹如仙境的实景入手，接着引入《逍遥游》和回雁峰的典故，再分析衡山所处地理方位，最后联系贾谊和屈原两位历史人物各自的悲剧，气脉贯通。斯人已逝，名垂千古，时移世易，慨叹皆同。

【鸟兽】 小麂

小麂，别名山羌、羌仔、麂子、黄麂等，鹿科麂属，草食性动物，分布于中国华中、华南地区。

身长不及一米，雄性有短角，而雌性仅有骨质隆起。在鹿科动物中雄性小麂的角并不特化，且保有其他鹿科动物所没有的上犬齿，靠保护色及灵敏的行动来避敌。雄性额内缘至角基内侧各有一黑色条纹，雌性则在额前有深色盾型斑块，白色的腹部以及尾巴下方的白色也是其主要特征。叫声似犬吠。小麂多数独居，其领域几乎不会重叠，在一只雄性的领域中可能会有三四只雌性。

【草木】 紫茎

紫茎，山茶科，紫茎属，落叶灌木或小乔木，分布于湖南、湖北、广西、贵州、四川、云南、安徽、浙江、江西以及河南部分地区。

树皮红褐色或黄褐色，平滑，呈片状剥落；内皮棕黄光洁，斑驳奇丽；嫩枝初时有柔毛，后变无毛，小枝红褐色或灰褐色；叶互生，纸质，椭圆形或长圆状椭圆形，叶柄带紫红色。花单朵腋生，白色，蒴果圆球形或近卵圆形，种子长圆形，亮褐色。花期六至七月，果期九至十月。

生长在海拔六百至一千九百米的常绿阔叶林或常绿、落叶阔叶混交林林中或林缘。为中生性喜光的深根性树种，喜温凉湿润气候。适宜生长于土层深厚、疏松肥沃的酸性红黄壤或黄壤，生长缓慢。

花白瓣黄蕊，清秀淡雅。宜与常绿树配植于厅堂之前或草坪一角，颇为悦目。种子榨油可食用或制肥皂和润滑油。根、果可入药。

【美食】 玉带鱼卷

玉带鱼卷是一道以鳜鱼为主料的名菜。湖南自古以来就是鱼米之乡，鳜鱼更是当地重要的经济鱼类之一。这道菜主料名贵，配料讲究，做工细致，形制美观，鲜香可口，营养丰富，受到食客们的推崇。

主料为鳜鱼，辅料有冬笋、香菇、火腿、鸡蛋清、香菜等，调料有姜、猪油、料酒、盐、味精、胡椒粉、香油、大葱、湿淀粉等。

制作时，先将冬笋去壳洗净煮熟切成丝。把香菇、熟火腿、姜都切成丝，葱白切成段。鸡蛋清加湿淀粉调成糊。鳜鱼片切成薄片，用盐和料酒腌一下，将鱼片摊开放在木板上，抹上蛋清糊，把切成丝的冬笋、香菇、火腿、姜放在鱼肉一端，滚包成卷，用葱青捆扎，再用蛋清、湿淀粉浆好。用汤和味精、胡椒粉、香油、湿淀粉兑成汁。将锅烧热，放入猪油，烧到五成热时下入鱼卷，用铲轻轻拨散滑熟，倒入漏勺沥油。锅内稍留油，把兑汁搅匀倒入锅内，下入滑熟鱼卷，轻轻翻动几下，装入盘内，用香菜拼边即成。

【民俗】 龙舟会

『龙舟竞渡』是端午节的重头戏，被称作龙舟会。早在战国时期这一习俗就已存在，既是敬神又是庆典。《溪蛮丛笑》记载：『蛮乡最重重午，不论生熟界，出观竞渡，三日而归。既望复出，谓之大十五。船分五色，皂船之神尤恶，去来必有风雨。一月前众船下水，饮食男女不敢共处。』一般认为，端午龙舟纪念的是屈原，《隋书·地理志》：『屈原以五月望日赴汨罗，土人追至洞庭不见，湖大船小，莫得济者，乃歌曰：「何由得渡湖！」因尔鼓棹争归，竞会亭上，习以相传，为竞渡之戏。其迅楫齐驰，棹歌乱响，喧振水陆，观者如云，诸郡率然……』然而沅陵流传千年的苗族古歌《漫水神歌》则对苗民划龙舟的理由有不同的解释：『人家划船祭屈原，我划龙舟祭盘瓠。』节前一个月，许多江河边的村寨便开始演练。汨罗江的龙舟竞渡在比赛前要举行传统的『龙头祭』。『龙头』被抬入屈子祠内，由船员给龙头披红带后，主祭人宣读祭文，并为龙头点睛。然后，参加祭龙的全体人员三鞠躬，龙头即被抬去汨罗江，奔向龙舟赛场。

夏至

蜩始鸣

蜩始鸣。蜩，蝉之大而黑色者，蜣螂脱壳而成，雄者能鸣，雌者无声，今俗称知了是也。按，蝉乃总名，鸣于夏者曰『蜩』，即《庄子》云『蟪蛄不知春秋』者是也。盖蟪蛄夏蝉，故不知春秋。鸣于秋者曰『寒蜩』，即《楚辞》所谓『寒螿』也。故《风土记》曰：『蟪蛄鸣朝，寒螿鸣夕。』今秋初夕阳之际，小而绿色声急疾者，俗称『都了』是也。故《埤雅》各释其义，然此物生于盛阳，感阴而鸣。

第二十九候　蜩始鸣

蜩，就是蝉中体型大并且颜色黑的一类，古人认为它是屎壳郎脱壳而成的，雄蝉能够鸣叫，雌蝉则不能，也就是现在民间说的知了。按，蝉实际上是一个概称，在夏天鸣叫的叫『蜩』，这就是《庄子》中所说的『蟪蛄不知春秋』。这是因为蟪蛄是夏蝉，所以不知道世上还有春秋两季。在秋天鸣叫的称为『寒蜩』，就是《楚辞》里所说的『寒螿』。所以《风土记》中说：『蟪蛄在清晨鸣叫，寒螿在傍晚鸣叫。』现在初秋的傍晚之时，体型较小且为绿色，叫声急促，民间叫作『都了』的就是寒螿。所以《埤雅》把蜩和寒蜩分开解释，然而蝉这种生物在阳气旺盛的时节降生，感受到微弱的阴气于是开始鸣叫。

昔闻洞庭水，今上岳阳楼。
吴楚东南坼，乾坤日夜浮。
亲朋无一字，老病有孤舟。
戎马关山北，凭轩涕泗流。

登岳阳楼　［唐］杜甫

本诗是作者晚年初登岳阳楼时所作，当时作者刚刚进入湖南，虽然是去投亲靠友，但前路渺茫，作者情绪低落。而岳阳楼上所见的壮阔湖景，给予了作客潇湘的诗人一些鼓舞，使他以夸张的笔触，写出了横亘潇湘、襟带江湖的洞庭水那无与伦比的雄壮气魄。

【鸟兽】 赤红山椒鸟

赤红山椒鸟，雀形目，山椒鸟科，小型鸣禽，别名红十字鸟、朱红山椒鸟。主要分布于中国长江以南地区和东南亚。

雄鸟红色，雌鸟黄色。体长十九厘米左右，色彩浓艳。一般生活于海拔两千一百米以下的山地和平原的雨林、季雨林、次生阔叶林，也见于松林、稀树草地或开垦的耕地。除繁殖期成对活动外，其他时候多成群活动，冬季有时集成数十只的大群。性活泼，常成群分散活动在树冠层，很少停息。觅食在树冠层枝叶间或树枝上，也在空中飞翔捕食。所吃食物主要为甲虫、蝗虫、铜绿金龟甲、蝽象、蝉等昆虫，偶尔也吃少量植物种子。

【草木】 长穗桑

长穗桑，蔷薇目，桑科，落叶乔木或灌木。分布于湖南、湖北、广西、广东、贵州东北部至南部。标本采自湖南武冈。

高四至十二米。树皮灰白色，幼枝亮褐色，皮孔明显，冬芽卵圆形。无刺，叶互生，边缘具锯齿。托叶侧生，早落。花雌雄异株或同株，或同株异序，雌雄花序均为穗状。雄花，花被片覆瓦状排列，雄蕊与花被片对生，在花芽时内折，退化雌蕊陀螺形。雌花，花被片覆瓦状排列，结果时增厚为肉质，种子近球形，胚乳丰富，胚内弯，子叶椭圆形，胚根向上内弯。生长于海拔九百至一千四百米的山坡疏林中或山脚沟边。

古时桑木可以用来做弓，叫作桑弧。枯枝可以作为干柴，树皮可以作为药材、造纸原料，桑木也可造纸。桑木还可以用来制造农业生产工具，如桑杈、车辕等。桑叶为蚕的主要饲料，亦可作药用，并可作土农药。木材坚硬，可制家具、乐器、木雕等。桑葚不但可以食用，还可以用来酿酒，称桑子酒。

【美食】龙脂猪血

龙脂猪血是湖南长沙地区特色传统小吃，俗呼之麻油猪血。加工后的猪血特别嫩滑，有如龙肝凤脂一般美味，故名。冬季江南湿冷，吃上一碗热气腾腾的龙脂猪血，能使周身渐暖，五脏调和，因此这道小吃深受当地人青睐。猪血中含有多种微量元素，对营养不良、肾脏疾患、心血管疾病的病后调养都有益处，对一些疾病如缺铁性贫血、动脉硬化等也有一定的预防作用。

主料为猪血、雪里蕻，调料有香油、盐、味精、酱油、辣椒粉、葱等。

制作时先用温盐水将凝固好的猪血洗净，切薄片。将鲜雪里蕻洗净，切碎，把香油、盐、味精、鲜雪里蕻、酱油、辣椒粉、葱花加入肉汤做成底汤，倒入碗中备用。将切好的猪血放入沸水锅中焯熟，捞出放入汤碗内即可。

【民俗】 食粽子

湖南有些地区把农历五月初五称为『小端午』，把五月十五日称为『大端午』。『端』有『初』的意思，故称初五为端五。《祁阳县志》说：『五日为「天中节」，亦称「地腊」。』农历正月建寅，按地支顺序，五月恰好是午月，加上古人常把五日称作午日，因而端五又称重午。端午节吃粽子是中国的传统习俗。粽子，又叫『角黍』『筒粽』，由来已久，花样繁多。据记载，早在春秋时期，人们便用菰叶包黍米成牛角状，称『角黍』；用竹筒装米密封烤熟，称『筒粽』。晋代，粽子被正式定为端午节食品。《岳阳风土记》记载：『俗以菰叶裹黍米……煮之，合烂熟，于五月五日至夏至啖之，一名粽，一名黍。』南北朝时期，粽子品种增多，米中多掺杂禽兽肉、板栗、红枣、赤豆等。粽子开始用作交往的礼品。《荆楚岁时记》记载：『唐时岁节有丸子粽、百索粽、角粽、锥粽、筒粽、秤椎粽。』宋朝诗人苏东坡『时于粽里见杨梅』的诗句表明果品入粽。这些食俗流传至今，并传播到湖南以外的全国各地。

夏至

半夏生

半夏生。半夏，药名，居夏之半而生，故名。

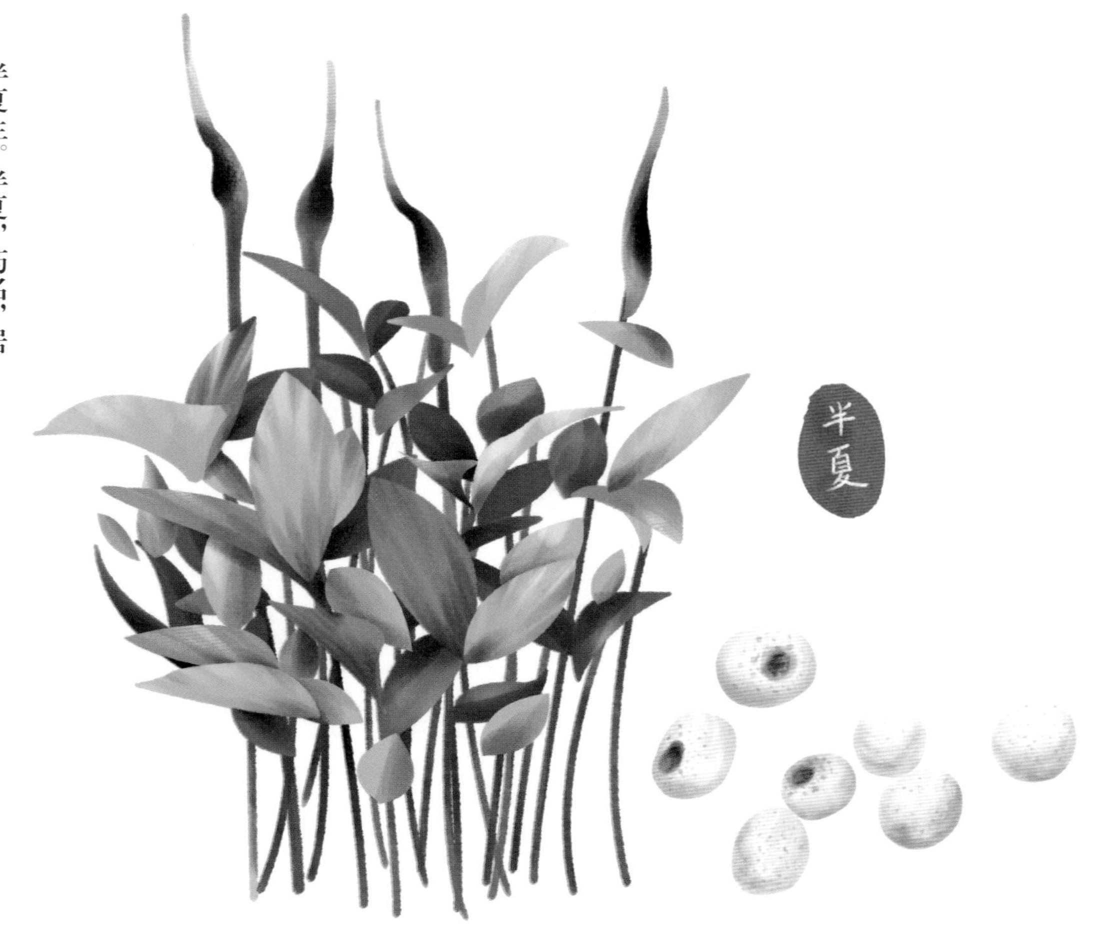

第三十候　半夏生

半夏，是一种中药材，在夏天过半的时候开始生长，所以叫作『半夏』。

沅水通波接武冈，送君不觉有离伤。
青山一道同云雨，明月何曾是两乡。

送柴侍御　［唐］王昌龄

本诗作于王昌龄任龙标尉期间，友人路经龙标，往武冈赴任，于是诗人作此诗以致送别之情，开解友人心怀。龙标与武冈两地由沅水（巫水）相连，江河襟带，山峦一脉，如今分属怀化市和邵阳市。诗中所述青山相望，云雨同天，确实不虚，故而诗人发出不觉有离伤的感慨。

鼬獾

鼬獾，鼬科，鼬獾属，杂食性小型哺乳动物。主要分布于中国长江以南、印度、老挝、缅甸、越南等地区。

鼬獾颈部粗短，耳壳短圆而直立，眼小，毛色变异较大，体背为淡灰褐色、黄灰褐色、暗紫灰色或棕褐色，腹部为苍白色、黄白色、肉桂色或杏黄色。

鼬獾为夜行性动物，成对活动，凌晨回洞。活动的季节性变化较明显，喜好在干涸的水沟或小溪边觅食，活动较迟钝，行走时腹部几乎贴地，常以鼻贴近地面搜索前进。穴居于石洞和石缝，亦善打洞，洞口圆形，通常只有一个。以蚯蚓、虾、蟹、昆虫、泥鳅、小鱼、蛾、蛙和鼠形动物等为食，亦食植物的果实和根茎。春季以昆虫、小鱼、蛙和植物的根茎等为主食；夏季以鳞翅目的蛾类、蛙类为主；食物丰富的秋季，还采食山楂、山芋和其他野果；秋末至冬季，食谱以无脊椎动物为主，植物的果实和根茎类也相应地增加。

【草木】 怀化秤锤树

怀化秤锤树，安息香科，秤锤树属，落叶乔木。原产于湖南怀化。

高达七米，胸径达十厘米。嫩枝密被星状短柔毛，灰褐色，成长后变为红褐色而无毛，表皮常呈纤维状脱落。叶纸质，倒卵形或椭圆形，顶端急尖，基部楔形或近圆形，边缘具硬质锯齿。总状聚伞花序生于侧枝顶端，有花三至五朵。花梗柔弱而下垂，疏被星状短柔毛，长达三厘米。果实卵形，红褐色，有浅棕色的皮孔，无毛，外果皮木质，不开裂，中果皮木栓质，内果皮木质，坚硬。种子一颗，长圆状线形，栗褐色。花期三至四月，果期七至九月。

【美食】 拔丝湘白莲

拔丝湘白莲是一道湖南特色甜点。该道菜主要通过拔丝的方式做成，色泽金黄，焦脆香甜，别有风味。

主料是湘白莲，辅料有猪网油、鸡蛋、小麦面粉、桂花糖、湿淀粉等，调料为白砂糖等。

将莲子去皮、去芯，用温水洗一遍，用碗装上，放入开水，上笼蒸八成烂取出，滗去水，放入白糖五十克和桂花糖拌匀。把鸡蛋磕在碗内，放入适量的面粉、湿淀粉，和水调制成糊。将猪网油洗净，晾干水分，平铺在木板上，撒上一层面粉，将莲子排列在网油的一端，向前滚成筒，切下一筒，再滚一筒，如此滚完为止，每三粒莲子切一段，用盘装上。在锅内放油，烧到六成热时，将网油莲子逐段裹上鸡蛋糊，下入油锅炸至焦酥呈金黄色，盛起倒入漏勺沥油；锅内留油，放入白糖用温火炒成浅黄色，就能拔出丝来，随即下入炸酥的网油莲子，裹上糖汁，装入抹油的盘中，带冷开水两碗上席。

【民俗】斗百草

据方志记载，湖南端午节有『斗百草』习俗。斗百草的习俗在我国由来已久，最晚在周代初年便已出现，汉朝时已经非常兴盛。《善化县志》记载清代长沙一带端午节孩子盛行玩『斗百草』游戏，《兴宁县志》更记载了『童女或绣罗为香囊佩之，童男或斗百草为戏』的事情。湘西苗族少年也盛行端午斗草游戏，苗语叫『打楚』。斗草游戏方式不尽相同，儿童最常采用的方式是比较草的韧性。具体玩法是，让两草交叉，两人各捏草之两头，用力拉扯，直至一草被拉断为止，以草不断的一方为胜。另一种玩法是，先把『巴茅草』叶子割下来，再将叶茎与叶面分开约一寸，把巴茅草的叶茎放在左手大拇指和食指间，分离出的两边叶面放在大拇指下方，右手拉住叶面，用力往身后拉，叶茎就自然向前飞去。有两种比赛方式：一是比射远，谁远谁赢，多为儿童妇女玩；二是比射准，多为少年玩。比较容易的是瞄准靶子比赛，谁准谁赢。最为高难的比赛是一方射出叶茎，另一方马上瞄准叶茎射去，射中为赢。

《儿童斗草图》［清］金廷标绘

小暑
温风至
温风至。至，极也，温热之风
至此而极矣。

第三十一候 温风至

至，是极点的意思，温热的夏风在这个时节到达了极点。

牙樯罨画橹，摇漾三湘浦。
佳人翔绿裾，含颦为谁舞？
拳拳新荷叶，愁绝烟水暮。
风云忽飘荡，隐约闻箫鼓。

三湘怨 ［宋］范成大

范成大，字致能，南宋诗人，亦是一代名臣。他总结自己一生时曾说『余生东吴，而北抚幽燕，南宅交广，西使岷峨之下，三方皆走万里，所至无不登览』，平生丰富的阅历使他的作品眼界宽广，文思壮阔。本诗中佳人绿裾一联比拟交杂，使得夏荷翩然随风轻舞的画面跃然纸上，绿处浓深，动处圆活，不愧八百里洞庭胜景。

【草木】葡萄

葡萄，古作蒲陶，是葡萄属植物的通称，是一类常见的落叶木质藤本植物，其果实是浆果类水果。葡萄可以生吃，其色美、气香、味可口，在西方主要用来酿造葡萄酒，在东方则是习惯直接作为水果食用，并培育出口感较佳的品种。葡萄还可以用来生产果酱、果汁、果冻、葡萄籽精华素、葡萄干、醋、葡萄籽油等。葡萄的生长没有呼吸跃变，其果实成簇聚集。

湖南省因地理环境的限制，并不是葡萄种植的首选地，不过其种植面积却依旧不低，达到了六十万亩的规模。湖南葡萄种植较为集中的地区形成了种植基地，如长沙、怀化、常德等地。大多数基地种植的葡萄以藤稔、京亚为主，主要原因是它们的品质和产量都相当可观，有着很高的市场价值。

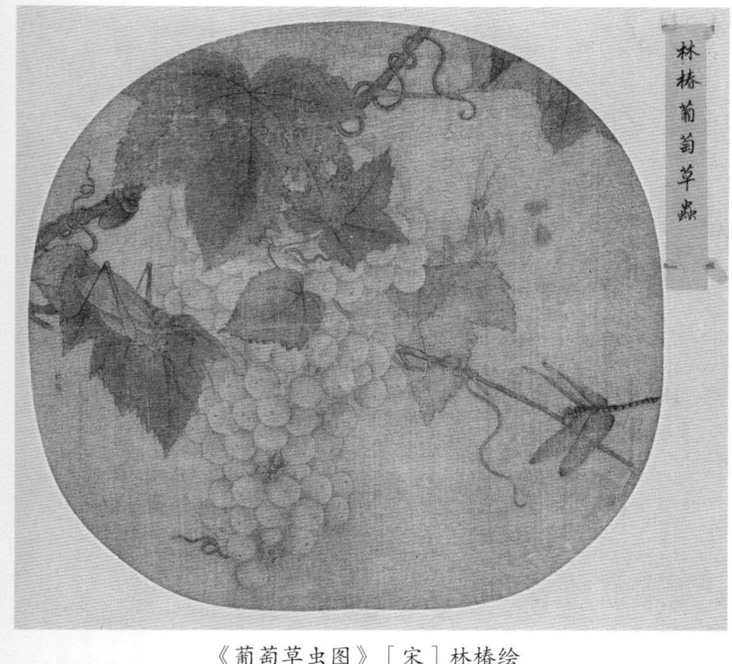

《葡萄草虫图》［宋］林椿绘

【风物】西汉直裾素纱禅衣

直裾素纱禅衣，西汉织绣，中国首批禁止出国（境）展览文物。一九七二年出土于湖南长沙马王堆一号汉墓，该墓主人为汉初长沙丞相利苍妻子辛追。现藏于湖南博物院。

此件素纱禅衣为交领，右衽，直裾，面料为素纱。因无颜色，没有衬里，出土遣册称其为素纱禅衣。该衣长一百二十八厘米，通袖长一百九十厘米，重量只有四十九克，折叠后甚至可以放入火柴盒中，可谓『薄如蝉翼』『轻若烟雾』。颜色鲜艳，纹饰绚丽。

直裾素纱禅衣是存世年代最早、保存最完整、制作工艺最精且最轻薄的一件衣服，在中国古代丝织史、服饰史和科技发展史上有着极为重要的地位。

【美食】甘长顺酸辣面

甘长顺，百年老店，中华老字号。由汨罗人甘长林创建于十九世纪八十年代的长沙药王街。因取『长治久顺』之意，故名『甘长顺』。有『南方面食之王』称号的甘长顺面馆历来以精取胜，酸辣面是该店比较有湖南特色的一种面食，面弹爽滑，汤色棕亮，酸辣适度，鲜美可口。

主料为素面和瘦猪肉。辅料有玉兰片、干菜笋、干椒粉、湿淀粉、味精、盐、白醋、酱油、麻油、猪油、清汤。

制作时将猪肉、玉兰片分别切成细丝，干菜笋洗净切成碎末。用湿淀粉、精盐、味精、酱油、醋调匀成酱汁备用。玉兰片下沸水先氽过捞起，炒锅上火，下猪油烧热，放下肉丝炒散，再加干菜笋末、干椒粉煸炒落清汤，再放入兑好的酱汁，炒至深棕亮色，淋上麻油，出锅后浇在素面上即可。

【民俗】 花鼓戏

湖南花鼓戏音乐丰富，曲牌众多，样式多变，与各地语言相结合，形成了具有鲜明地方特色和风格特点的多种流派唱腔和伴奏音乐。其曲调具有朴素自然、活泼开朗、健康清新的特点，主要声腔有『川调』和『打铜锣』等。传统剧目大部分是人民群众集体创作而成，题材来源于民间传说和农村生活，流传各地的剧目大约有五百个。依流行地域和声腔、剧目、舞台语言等方面的不同，湖南花鼓戏大致可分为长沙花鼓戏、常德花鼓戏、岳阳花鼓戏、邵阳花鼓戏、衡阳花鼓戏和零陵花鼓戏等六种，各种花鼓戏还有一些各具艺术特色的流派，艺人们称『不同的路子』。随着花鼓戏的发展，上演剧目也越来越丰富多样，并出现许多大本戏，多是依据神话传说、民间故事改编而成或从地方大戏移植而来。

小暑

蟋蟀居壁

蟋蟀居壁，一名蛬，一名蜻蛚，即今之促织也。《礼记注》曰：『生土中，此时羽翼稍成，居穴之壁，至七月则远飞而在野矣。』盖肃杀之气初生则在穴，感之深则在野而斗

第三十二候　蟋蟀居壁

蟋蟀别称蛬，也叫蜻蛚，就是现在所说的促织。《礼记注》中说：『蟋蟀生长在土里，在这个时节蟋蟀的翅膀刚刚长成，住在挖在土墙上的洞里，到了七月就远远地飞到田野里了。』这是因为盛夏之时秋天的肃杀之气已经开始萌生，蟋蟀感受到这种气息就隐藏在洞穴里；等到这种气息越来越浓重的时候，蟋蟀就开始到田野里互相争斗了。

六桨齐飞急下滩，碧琉璃上雪花翻。
越来溪色清如此，只欠矶头一钓竿。

初泛潇湘　［宋］范成大

范成大任中书舍人时，因力阻宋孝宗对奸臣张说的任命，被远调广西，故而有了『南宅交广』之行。四十七岁时，他南溯潇湘，第一次借道湖南，此诗即为当时所作。全诗兴味盎然，全无远谪岭南的忧愁之感，足见诗人豁达胸怀。碧琉璃一句信手拈得，极尽形色灵动之美，古时潇湘胜状今人虽无缘得见，但由此句亦能想见一斑。

【鸟兽】 花面狸

花面狸，别名果子狸，林狸科，花面狸属，小型杂食哺乳动物。其所属的花面狸属只有这一个物种。分布于中南半岛、印度尼西亚、印度、不丹、尼泊尔以及中国华北以南的广大地区。

体色为黄灰褐色，身体略胖，颈部粗短，和身体不易区分，尾长，约为体长的三分之二。主要栖息在森林、灌木丛、岩洞、树洞或土穴中，偶尔可在开垦地发现。为林缘兽类，夜行性动物。喜欢在黄昏、夜间和日出前活动，善于攀缘。颇喜食多汁之果类；以野果和谷物为主食，也吃树枝叶，会到果园中吃水果，偶尔吃自己的粪便。肛门附近具臭腺，遭敌时会释放出异味。

【草木】 刺楸

刺楸，别名刺桐、云楸、茨楸等，伞形目，五加科，落叶乔木。分布于我国大部分地区，朝鲜、俄罗斯东部和日本也有分布。

高可达三十米。刺楸树干灰色，长纵裂，布有粗大硬棘刺。叶在长枝上互生，短枝上簇生，坚纸质，叶片近圆形，裂片三角状圆卵形至长椭圆状卵形，上面绿色。伞形花序合成顶生的圆锥花丛，花丝细长。果实近于圆球形，扁平。花果期七到十月。

刺楸适应性很强，喜阳光充足和湿润的环境，稍耐阴，耐寒冷，适宜在腐殖质丰富、土层深厚、疏松且排水良好的中性或微酸性土壤中生长。多生于阳性森林、灌木林中或林缘，水分充足、腐殖质较多的密林，向阳山坡，甚至岩质山地也能生长。

【美食】伏鸡

吃伏鸡是湖南地区的一种传统民俗。『伏日』就是现在说的暑伏、三伏，《汉书》里说：『伏者，谓阴气将起，迫于残阳而未得升，故为藏伏，因名伏日也。』也有传说这一天万鬼出行，所以人们尽量闭户不出，不做其他事。因人们夏日喜贪凉，易蕴积内寒，长沙、湘潭、株洲等地民间遂有伏日吃老姜炒仔鸡的习俗。起伏吃鸡也挺有讲究，一是要吃叫鸡，当天杀当天吃；二是要用路边荆棘水，炒鸡时与酒同下烹制；老姜炒鸡，姜要多放，一只鸡一般要放半斤姜，以便祛寒。民谚云：『老伏吃仔鸡，一年好身体。』长沙人头伏吃鸡时要将门窗关闭，吃得大汗淋漓，意在发散体内蕴寒，防止秋发寒病。民谚云：『冬吃萝卜夏吃姜，不劳医生开药方。』伏日吃姜炒仔鸡最好三个伏日都吃，如果条件不允许，最少也要吃一个伏日。

【民俗】 女书

女书，又名江永女书，是一种独特的汉语书写形式。它是一种专门由女性使用的文字，起源于湖南省南部永州的江永县。其一般被用来书写属于湘语永全片的江永城关方言。以前在江永县及其毗邻的道县、江华瑶族自治县的大瑶山，以及广西部分地区的妇女之间流行、传承。女书文字的特点是书写呈长菱形，字体秀丽娟细，造型奇特，也被称为『蚊形字』。目前搜集到的有近两千个字符，所有字符只有点、竖、斜、弧、圈五种笔画，可采用当地的江永土话吟诵或咏唱。与汉字不同的地方是，女书是一种标音文字，每一个字所代表的都是一个音。女书的字形虽然参考汉字，但两者并没有必然的关系。由于女书除了日常用作书写以外，也可以当成花纹编在衣服或布带上，所以字形或多或少也有所迁就，变成弯曲的形状。

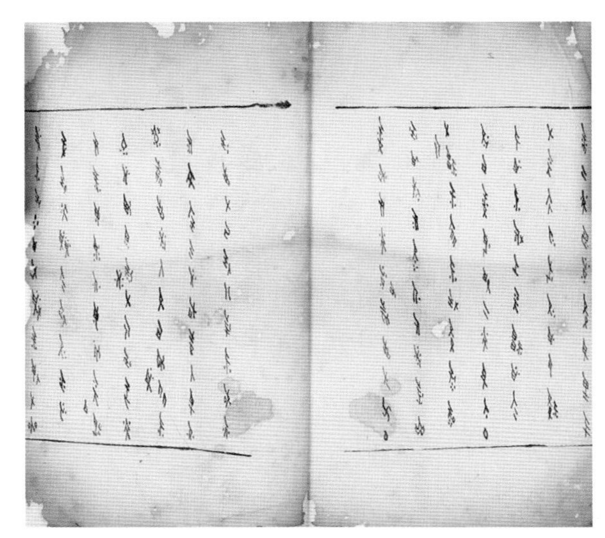

在过去，当地的瑶族妇女常常凑在一起，一边做女红，一边唱读、传颂女书。其内容有对美好生活的向往，有对亲人的思念和祝福，有对家乡山水的赞美，最多的还是倾诉自身的苦情。2006年，女书习俗入选第一批国家级非物质文化遗产名录。

小暑

鹰始击

鹰始击。击，搏击也。应氏曰：「杀气未肃，鸷猛之鸟始习于击，迎杀气也。」

第三十三候　鹰始击

击，就是搏击。应氏说：『秋天的肃杀之气还没有完全成型，猛禽开始练习捕猎，是为了迎合天地之间的肃杀之气。』

七泽三湘碧草连。洞庭江汉水如天。
朝廷若觅元真子，不在云边则酒边。
明月棹，夕阳船。鲈鱼恰似镜中悬。
丝纶钓饵都收却，八字山前听雨眠。

鹧鸪天·七泽三湘碧草连　［宋］徐俯

徐俯，字师川，号东湖居士，南宋诗人，是江西诗派开山祖黄庭坚的外甥。本词是作者途经岳阳而作。诗中三湘碧草、洞庭云水，皆是诗酒尽兴的诗人所亲睹；月棹夕船、归舟渔获，则是虚实相生，系诗人半醉半醒间对于洞庭湖渔乡风物的美妙想象。

【鸟兽】 长尾夜鹰

长尾夜鹰，夜鹰科，夜鹰属，小型肉食性鸟类。分布于我国南部，以及南亚、东南亚及大洋洲等地区。

初级飞羽黑色，尾灰褐色，外侧尾羽黑褐色，具云石状棕红色斑。颏和上喉红棕色，下喉白色。胸沙褐色，具黑色虫蠹斑，其余下体皮黄色或淡棕黄色，具黑褐色横斑。虹膜暗褐色，嘴褐色。跗跖和趾肉色。

栖息于常绿阔叶林、灌木林、灌丛带、红树林、稀树草原和湿地等。为夜行性动物，多在黄昏、清晨、夜间活动和猎食。捕食对象有飞蛾、蟋蟀、蚊子、白蚁、金龟子，还吃黄蜂及其他小型动物。

【草木】 芡

芡，别名芡实，睡莲科，芡属，一年生水生草本植物。广泛分布于我国各省区。

有南芡和北芡之分。南芡为芡的栽培变种，现主产于湖南、广东、皖南及苏南一带，植株个体较大，地上器官除叶背有刺外，其余部分均光滑无刺，采收较方便，外种皮厚，表面光滑，呈棕黄或棕褐色，种子较大，种仁圆整、糯性，品质优良，但适应性和抗逆性较差。南芡常见的有紫花、白花和红花三种类型。

生于池塘、湖沼中。喜温暖，阳光充足，不耐寒也不耐旱。生长适宜温度为二十至三十摄氏度，水深为三十至九十厘米。适宜在水面不宽、水流动性小、水源充足，能调节水位高低，便于排灌的池塘、水库、湖泊种植，要求土壤肥沃，含有机质多。以种子繁殖。

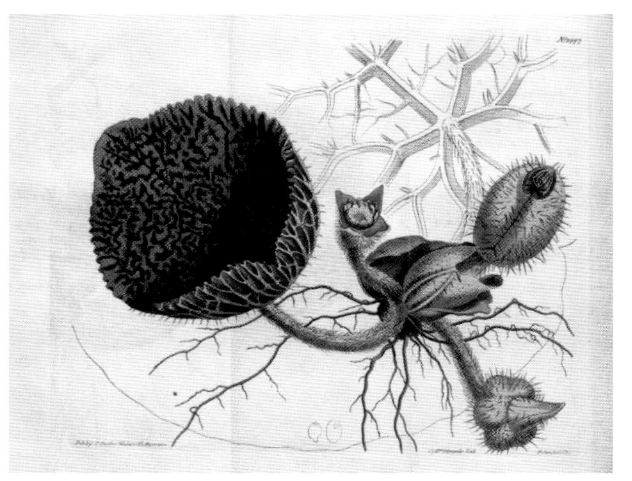

【农时】 湘莲开采

七月中旬至十月底，是湘莲的采摘季节。进入七月中旬，部分莲蓬开始变为褐色，莲子与莲蓬分离，变为黑褐色，果皮开始变得坚硬，这时就可以分期分批进行采摘。将采摘的莲蓬摊晒一两天后脱粒，再将脱粒得到的莲子摊晒三至四天即可贮藏。

【民俗】 半年节

湖南许多地方把六月六日称为『半年节』。《零陵县志》说这天『以酒肴祀祖先，肉果遗亲友，亦曰「拜年」。六月间，禾甫熟，刘少许炊尝，名日「试新」，奉祖考，祭田神，俟尊长尝后，少者方食。用卯日，属兔，字义为吐，取「吐故纳新」之意也』。人们在这天用新米、时菜馈赠亲友，叫作『送新』。这一天又是飞山神的诞辰，所以要鼓乐迎神。『农人携香楮、酒肉往田祀神，各树纸帜标记。』以上六月卯日和六日，虽说称谓有些不同，但都有『吃新』祭祀。值得一提的是，因为湘西地处高寒山区，稻谷成熟晚些，要到七月才出新米，所以，湘西通常是摘一些新谷穗放在米饭上，表示『吃新』。《保靖志稿辑要》说：七月『立秋』前数日，择卯日祀祖尝新。是月择卯取新谷穗插堂前，炊新米备馔，祭祖先室神，谓之『尝新』。肴用鱼，而忌鸡，以与饥音近也。先报神，次祀先祖毕，亲友会聚，谓之『食新』，盖秋祭曰尝，独存礼意。家家试新，禁宰鸡鸭，恐犯耗神。自古以来，湖南四乡都有『吃新』之俗，而宋时至明清之际尤甚。

大暑

腐草为萤

腐草为萤。曰『丹良』，曰『丹鸟』，曰『夜光』，曰『宵烛』，皆萤之别名。离明之极，则幽阴至微之物亦化而为明也。《毛诗》曰：『熠耀宵行。』另一种也，形如米虫，尾亦有火。不言『化』者，不复原形，解见前。

第三十四候 腐草为萤

人们所说的『丹良』『丹鸟』『夜光』『宵烛』，都是萤火虫的别称。南方的离火之气最盛的时候，即便是代表幽暗阴气的最微不足道的东西，都会产生变化从而发出光来。《毛诗》中说：『熠耀宵行。』这是说的另一种长得像米虫的萤火虫，尾部也有荧光。之所以说『为萤』而不说『化萤』，是因为腐草变为萤火虫之后就不会再变回原形了，具体可以参考前面季候的诠解。

渔灯暗，客梦回，一声声滴人心碎。
孤舟五更家万里，是离人几行情泪。

寿阳曲·潇湘夜雨 ［元］马致远

这首小令是马致远潇湘八景曲中的一首。这支曲子将诗词中常有的意境和手法引入曲中，着力渲染了特有景色中的特定氛围：雨夜里孤舟中渔灯下离家万里的旅人在点点滴滴的雨声里情不自禁流下『几行情泪』。这使读者也不由得产生强烈的共鸣，情景交融，语简意深，堪称马致远散曲小令中的佳作。

【虫鱼】 戴叉犀金龟

戴叉犀金龟，鞘翅目，叉犀金龟属，昆虫。分布范围极小且不规则，据不完全统计，戴叉犀金龟在中国的三个主要产地分别是湖南怀化、福建南部及中部、湖北北部，越南北部也有分布。

雄虫体长二十三至五十五毫米，宽十九至二十三毫米。雌虫体长十二至三十二毫米。体型长卵圆，体色深棕褐至黑褐，光泽较暗。头较小，雄虫有额角，长约十毫米，端部深分叉为两支，角柄近中部两侧各横生一棘突。雌虫无额角，额部微凹。

野外成虫多在七至八月出现，夜间活动，趋光性强，食用树木流出的汁液或水果；幼虫以腐叶土或朽木形成的腐殖质为食。幼虫期六至八个月，成虫期一到两个月。

分布区多为地理位置独特及重峦叠嶂、高差较大的『生物天然避难所』。比如湖南壶瓶山国家级自然保护区，其西北方向受到秦岭、大巴山的屏障作用，第四纪冰期影响相对较小，成为第三纪动植物的『避难所』。与常见的双叉犀金龟亲缘关系较近，但是更为珍稀，被列为国家二级保护动物。

【胜景】 潇湘夜雨

潇水，是长江流域洞庭湖水系湘江的东源。古名深水，又名营水。潇水因其水流清绿幽深而得名，《水经注·湘水》说：『潇者，水清深也。』发源于湖南省蓝山县湘江源瑶族乡野狗岭南麓，蜿蜒曲折，于永州市零陵区苹岛注入湘江。永州因此得到『潇湘』的雅称。雨落潇湘的夜景，是旧时文人借以寄情的著名景观。

永州城沿湘江北上可抵长江，南下经灵渠可通岭南，自古便是交通要冲，是湖南通往广西、海南、粤西等地的门户。两千多年来，数不清的游子迁客曾在永州城外的孤舟之中被夜雨惊醒，勾起离家千里的幽思。孤灯一盏，扁舟一叶，夜雨昏灯之中，游子难以入眠，想到自己坎坷的命运、故乡的亲人，不禁落泪如雨，泪水和船外连绵不断的雨水连在了一起。这种意境通过历代文人之手，化为各种诗篇画卷，深深地融入了中华民族集体记忆的宝库之中。

【美食】　清汤柴把鸭

清汤柴把鸭是湖南长沙地区久负盛名的特色菜品，属于湘菜系汤菜类，营养丰富，清润滋补，清香浓郁，因鸭肉成捆，状如乡村农家的柴把，故名。蒸制柴把鸭，大火气足，以软烂为佳。

主料为鲜鸭肉，辅料和调料为葱段、熟火腿、胡椒粉、水发玉兰片、味精、水发大香菇、盐、水发青笋、鸡油、鸡清汤、熟猪油等。

制作时先将鲜鸭肉煮熟，剔去粗细骨，切成条。把水发大香菇去蒂洗净，与熟火腿、玉兰片均切成丝，水发青笋切成粗丝。取鸭条四根，火腿、玉兰片、香菇丝各两根，共计十根，用青笋丝从中间缚紧，捆成小柴把形状，共二十四把，整齐码入瓦钵内，加入熟猪油、精盐、鸡清汤，再加入剔出的鸭骨，入笼蒸四十分钟取出，去掉鸭骨，将原汤滗入炒锅，鸭子翻扣在大汤碗里。在盛鸭原汤的炒锅内，再加入鸡清汤烧开，撇去泡沫，放入盐、味精、葱段，倒在大汤碗里，撒上胡椒粉，淋入鸡油即成。

【民俗】 火把节

湘西白族的火把节在每年农历六月二十五日举行，是白族百姓在秋收之前预祝五谷丰登、六畜兴旺的盛大节日。通常节前几天就开始做火把，小火把手持用，中火把用来照亮家门或庭院，大火把是整个村子庆典的核心，高约一二十米，用松树作杆，四周捆扎麦秆、松明，顶端安旗。旗下用竹竿串联三个纸篾扎成的升斗，称为『连升三级』。每个升斗四角插小纸旗，上书『国泰民安』『风调雨顺』等。中午人们带上小火把和供品到祖坟前祭奠。夜晚村中老人领头献祭品，向大火把礼拜、叩头。年轻人搭人梯攀爬大火把，像运动会火炬接力一样把小火把传递上去点燃大火把。这一天的高潮是耍火把，白族青年男女手拿小火把，见人就用松香面往火把上用力一撒，火苗瞬间燎向对方，被燎的人不怒反喜，认为燎掉了身上的晦气。人们相互燎耍，有些青年男女因此而相恋。之后他们还会成群结队举着小火把到田间地头，向火把燎松香面给谷物照穗，祈求消除虫害，谷物丰收。狂欢后当火把底部的柴火已燃烧将尽时，人们就把它们堆成一堆堆篝火，在篝火上来回跨越，祈求火神禳灾祛邪。

大暑

土润溽暑

土润溽暑。溽，湿也，土之气润，故蒸郁而为“湿暑”，俗称“龌龊热”是也。

第三十五候　土润溽暑

溽，是湿的意思，土地中的阳气湿润，所以蒸腾出来成为『湿暑』，民间也叫『龌龊热』。

湘湖烟雨长莼丝，菰米新炊滑上匙。
云散后，月斜时，潮落舟横醉不知。

渔父·湘湖烟雨长莼丝　［宋］陆游

陆游，字务观，号放翁，南宋爱国诗人。陆游一生壮志难酬，故而时常吟诗遣怀，存诗极多。其中有一些是寓湘佳作。本诗除渲染了湖湘美景、渔乡风物外，更提到了今人已经很少知道的『菰米』，也就是我们现在常说的野米。菰米其实就是茭白的籽实，似米而狭长深色，营养丰富，是湖湘一带古来的传统佳肴。

【鸟兽】 中国寿带鸟

中国寿带鸟，王鹟科，寿带属，中型鸣禽。曾是寿带鸟的普通亚种，二〇一六年被确定为独立物种。在我国中部、东北部、东部和东南部，俄罗斯远东地区，朝鲜等地有繁殖区。

体态美丽，雄鸟有栗色、白色两种色型，体长连尾羽约三十厘米，白色型头、颈和羽冠均具深蓝辉光，身体其余部分白色而具黑色羽干纹。中央两根尾羽特长，形似绶带，故名。雌鸟尾羽较雄鸟短小。到了老年，鸟的全身羽毛成为白色，拖着白色的长尾，飞翔于林间，因而又称『白带子』。

主要栖息于海拔一千二百米以下的低山丘陵和山脚平原地带的阔叶林和次生阔叶林中。常单独或成对活动，偶尔也见三到五只成群。性羞怯，常活动在森林中下层茂密的树枝间。巢筑于树杈间，以树皮和禾本科草叶为巢材，巢形为杯状。食物几乎全为昆虫，而且以鳞翅目为主，例如天蛾、松毛虫及其幼虫和卵等，在中国主要为夏候鸟，部分在广东、广西和香港等地越冬。

【草木】 山拐枣

山拐枣，金虎尾目，山拐枣属，落叶乔木。生长于海拔四百至一千五百米的山坡、山脚的常绿、落叶阔叶混交林和落叶阔叶林中。

高达七至十五米。树皮灰褐色，浅裂；小枝圆柱形，性脆，灰白色，幼时有短柔毛，老时无毛。叶厚纸质，卵形至卵状披针形，初时有疏长毛，果熟后近无毛。花单性，雌雄同序，蒴果长圆形，外果皮革质，有灰色毡毛，内果皮木质。种子多数周围有翅，扁平。花期夏初，果期九至十月。

【美食】猪血丸子

猪血丸子，又称豆腐圆子、血粑、血饼，是湖南邵阳地区的传统家常菜，历代相传，至今已有四百余年历史。每至年末，当地几乎家家户户都制此品，以供数月之需。该品具有鲜香爽嫩的风味和独特的外形特征，不但营养丰富，食用方便（煮熟切成片即可），而且香辣可口，可以增进食欲，此外还易于保存，至少半年内不会变质。

制作时先用纱布将豆腐中的水分滤干，然后将豆腐捏碎，再将新鲜猪肉切成肉丁或条状，加入适量猪血、盐、辣椒粉、五香粉以及少许麻油、香油、味精、芝麻等佐料，搅拌匀后，做成馒头大小椭圆形状的丸子，放在太阳下晒几天，再挂在柴火灶上用烟火熏干，烟熏的时间越长，腊香味越浓。也可做一铁架，架下用火炉焚烧锯木屑、糠皮、谷壳或木炭熏烤，此种熏法特别讲究火候，不能过急过猛，否则口味不佳。丸子熏干后即可烹制食用。

【民俗】 天贶节

天贶节是广泛分布在湖南地区的传统节日，时间是在阴历六月初六。天贶节的内容非常丰富，各地具体习俗也有不同。《保靖志稿辑要》中说：『家祭农神，俗说「答土地」。是日必用鱼数尾以祈丰年。』《长沙县志》载：『农民于五更时割雄鸡祀田神，谓之「鄱官节」。』《浏阳县志》也记录有：『六月六日「天贶」，农家剪纸为田神，涂鸡鸭血其上，用长竿标置田间，以祈丰稔，谓之「敬鄱官」。』《桂东县志》说：『是日割鸭取血，束纸为方幅插于田园，具酒楮奠于其所以祈年，谓之「祀田神」。』《醴陵县志》则说：『农圃祀田祖，曰「祭番官」，田神曰番官，始五代。番，俗误为鄱。』《兴宁县志》又说：『六月六，农人祀田神，陈酒脯于垄畔田塍，以祈丰穰，俗谓之「供鄱官」。又，五六月间，乡坛里社各自醵钱扮演傀儡神戏，香花科仪，以赛田祖，俗名「禾苗戏」。』安化这天，允许小孩下河洗澡，谓『六月六，洗疱毒』。蓝山地区也有六月六日『天贶节』，要『尝新谷，荐祖先』，割雄鸡祀土地，山民非常重视这个节日，劳工则在这天休息。

大暑
大雨时行
大雨时行。前候湿暑之气蒸郁，今候则大雨时行，以退暑也。

第三十六候　大雨时行

前一个季候的湿热之气蒸腾起来，现在这个季候大雨就时常降下，以此来消减暑热。

斑竹枝，斑竹枝，泪痕点点寄相思。
楚客欲听瑶瑟怨，潇湘深夜月明时。

杂曲歌辞·潇湘神二曲（其二）［唐］刘禹锡

刘禹锡，字梦得，唐代文学家，有『诗豪』之美誉。杂曲歌辞是乐府诗的一种，潇湘神又是湖湘大地常见的民歌内容，很具代表性。由斑竹泪痕可知，这里的潇湘神所指是湘夫人，即娥皇女英。实际上湘夫人和娥皇女英的传说原本各自独立，但在汉代之后，二者便逐渐合流，成为湖湘文化的重要一环。

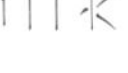

【草木】 舞草

舞草，豆目，舞草属，直立小灌木。分布在我国南方和南亚次大陆。

高可达一至两米。茎单一或分枝，无毛。叶为三出复叶，顶生小叶长椭圆形或披针形，侧生小叶很小，长椭圆形或线形，或有时缺。圆锥花序或总状花序顶生或腋生。花冠紫红色，荚果镰刀形或直形，腹缝线直，背缝线稍缢缩，成熟时沿背缝线开裂，疏被钩状短毛，有荚节五至九。花期七至九月，果期十至十一月。

生长于丘陵旷野和灌木丛中，喜阳光和温暖湿润的环境。耐旱，耐瘠薄土壤。对一定频率和强度的声波极富感应性，与温度和日光亦有关。在气温二十四摄氏度以上、风和日丽的晴天，小叶会自行交叉转动，亲吻和弹跳，两叶转动幅度可达一百八十度，然后又弹回原处。闷热的晴天或雨过天晴时，纵观全株，数十双叶片时而如情人双双缠绵般拥抱，时而又翩翩起舞。当夜幕降临，它又将叶子贴住枝干，紧紧依偎着，非常神奇。

【风物】 湘绣

湘绣起源于湖南长沙民间刺绣，为中国『四大名绣』之一，是以长沙为中心的手工艺刺绣产品的总称。根据考古发掘，湘绣在长沙出现的时间最迟不晚于汉代，已有两千多年历史。二〇〇六年，湖南绣品入选首批国家非物质文化遗产名录。

湘绣在湘楚文化的浸润下成长起来，又吸收了苏绣、广绣、京绣的优点。早期湘绣以绣制日用装饰品为主，后期逐渐增加了绘画性题材作品。湘绣的特点是构图严谨，图案逼真，色彩鲜明，形神兼备，远观气势磅礴，近观巧夺天工。湘绣常以中国画为蓝本，巧妙地将传统书画技巧与刺绣工艺融为一体，运用丰富多彩的针法和千变万化的线色，精细入微地表现所绣物象的自然纹理。因此，湘绣有『绣花能生香，绣鸟能听声，绣虎能奔跑，绣人能传神』的美誉。

湘绣既有收藏价值极高的艺术珍品，又有美观实用的日常生活用品，其主要品种包括时装、挂屏、手帕、被面、围巾等，有的富丽堂皇，有的典雅端庄，各具特色，雅俗共赏。

【美食】 拆烩鳙鱼头

鳙鱼是长江中游、洞庭湖水系的主要经济鱼类之一，最大的特点是其头部较其他鱼类更大且味道肥美，因此经常被用来单独做菜，成品色白汤浓，半汤半菜，鲜嫩滑软，味道鲜香。

主料是鲜鳙鱼头。配料有水发口蘑、熟瘦火腿、香菜等。调料有鸡清汤、料酒、姜片、葱、湿淀粉、胡椒粉、味精、精盐、熟鸡油、熟猪油等。

制作时先将鳙鱼头去鳞、鳃，洗净，盛入大汤碗中，撒上精盐，加入料酒腌制，淹水，再放入葱结、姜片，淋入熟猪油，上笼蒸熟，取出，去掉葱姜，用筷子剔除鱼骨，把大块的鱼肉适当改小。将水发口蘑、瘦火腿肉、姜均切成细丝，葱切成段。锅置旺火上，放入熟猪油，烧至六成热时，先下姜丝、口蘑丝、精盐炒几下，再下鸡清汤，接着下火腿丝、鱼头肉及蒸出的原汁，轻推手勺拌匀，烧开后放入适量盐、味精、葱段，用湿淀粉勾芡成白色浓汁，盛入大碗中，淋入鸡油，撒上胡椒粉即成，上桌时加香菜。

【民俗】 演傀儡

湖南自古便有中秋演傀儡的传统，傀儡在这里指的是各种形式的木偶戏。湖南杖头木偶戏是一种比较著名的木偶戏形式，它遍布全省，在不同的地区又被称为『木脑壳戏』『棒棒戏』『矮台戏』『低台戏』『观音戏』。唐代湖南已有木偶表演的记载，《辰溪县志》中记载：『秋成岁稔，乡民醵钱建醮，或演傀儡，或集优人作剧，以酬神。』湖南杖头木偶戏曾以擅长表演传统剧目著称，《拦马》《鸿门宴》《芦花荡》《盗仙草》《水漫金山》《打面缸》等都是很有艺术特色的剧目。通过继承与创新，湖南省木偶皮影艺术剧院创作的《金鳞记》《八百里洞庭》《马兰花》《火云鸟》《猎人海力布》《石三伢子》等剧目在国内外木偶艺术节中屡屡获奖。二〇〇六年，湖南杖头木偶戏被列入湖南省首批省级非物质文化遗产名录；二〇〇八年，被列入第一批国家级非物质文化遗产扩展性项目名录。湖南省木偶皮影艺术保护传承中心为该项目的保护主体。

秋 金行之时，禾谷熟也。秋为白藏，气白而收藏也。秋，就也，言万物就成也。百谷各以其熟为秋。属金，色白，主西方。

秋季西风正盛，百谷成熟。古人将秋季雅称为『白藏』，意思是秋季霜清雾素，正是农牧渔猎收藏一年成果的时节。金文『禾』字仿佛灌浆的稻穗沉甸甸向一旁低伏。『火』字有的说法认为是大火星，即心宿二，每年农历七月会在天空中向西方落下，《诗经·七月》的『七月流火』就是这个意思；有的说法则认为『火』字是会意『成熟』。训诂学上又有『秋』是『就』的音转之说，意为万物在此时成熟。除此以外，各种谷物的成熟也称为秋，例如小麦在初夏就成熟了，因此初夏也称麦秋。秋天五行属金象，代表色是白色，代表方位是西方。

立秋
凉风至
凉风至。西方凄清之风曰『凉风』，温变而凉气始肃也。《周语》曰『火见而清风戒寒』是也。

第三十七候　凉风至

西方来的凄凉清冷的风称作『凉风』，这是气温转变凉气开始弥漫的结果。《周语》中『秋季大火星在天空中出现，凉风袭来，告诫人们天气要开始转凉了』说的就是这个。

晚景寒鸦集，秋风旅雁归。
水光浮日去，霞彩映江飞。
洲白芦花吐，园红柿叶稀。
长沙卑湿地，九月未成衣。

岳阳晚景　［唐］张均

在灿若星汉的唐代诗坛，诗人张均似乎相当不起眼，可他寥寥几首存世的诗作，却大多是作客潇湘时所写，由此可见湖南风物带给诗人感触颇深。本诗所述秋景，层次丰富，色彩鲜明，美景悲情，句句交融，使人犹如置身深秋的沅湘水岸，西风一到，万木萧萧，宦游之情，涌上心潮。

【鸟兽】 桑植趾沟蛙

桑植趾沟蛙，蛙科，趾沟蛙属，小中型蛙类。分布于湖南西北武陵山区。

雄蛙体长四点三至五厘米，雌蛙体长五至五点三厘米。吻钝尖，颞部有深色斑，指端不膨大，无沟，趾端呈小吸盘状，略膨大。有腹侧沟，雄蛙前肢健壮，雌蛙前肢细长。

生活在海拔五百至一千六百米的大山区里的森林、灌丛间，平时不易见到，繁殖期在山溪及其周边活动。

繁殖期为七月底至八月中，繁殖盛期，在白天也可见到成群个体在溪流中或其两侧岸边、杂草丛中互相追逐，雄体发出类似昆虫『吱、吱、吱』的鸣叫声。卵团呈球状，有卵七百二十五粒左右。卵团附着在山溪水流中的细树根或细枝上，浸于水中。卵膜透明。蝌蚪在溪流中生活，或在与山溪相连通的回水荡内，蝌蚪体形肥壮，行动较迟缓，体黑色，尾部较透明，第二年五月长出后肢，六至七月登陆。

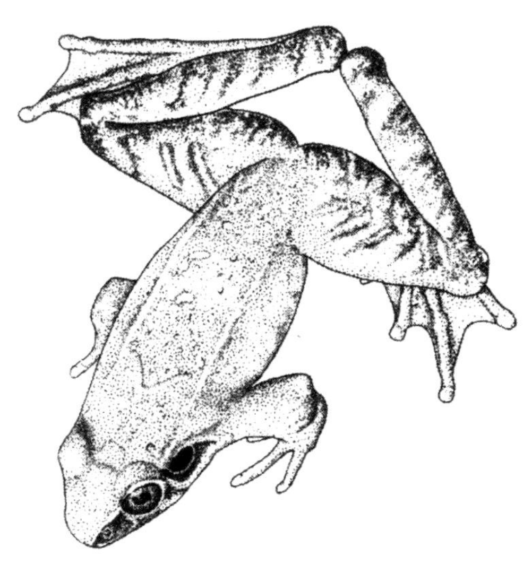

【农时】 早稻收割

早稻在这个季节已经可以收获。一般而言，成熟的标准是籽粒内干物重达到最大，这时稻穗正处于完熟期。从外观上看，当每穗谷粒颖壳九成半以上变黄，米粒变硬，呈透明状时，就是水稻收获的最佳时期。如果不及时采收，水稻会进一步成熟，进入枯熟期。在枯熟期谷壳黄色退淡，枝梗干枯，顶端枝梗易折断，米粒偶尔有横断痕迹，这些都会大幅度影响米质，对稻谷产量和价值的损害都很大。因此，及时收获对提高产量和稻米品质非常重要。

【美食】 武冈米粉

我国南方广大地区对米粉的喜爱由来已久，各地的吃法不尽相同。湖南邵阳武冈的米粉就颇为独特。通常制作米粉要将粉下到开水里煮，武冈的粉则只烫，且连烫三次。武冈米粉精工细作，质地柔软，粉条清晰，韧而不碎，鲜香咸辣，爽口诱人，油润开胃，咸辣适宜，风味别致，久负盛名。

武冈米粉选用一级中稻米，通过浸泡、磨浆、滤浆、煮浆、搅拌、人榨、烫煮、冷却等工序加工，精制成粉条粗细均匀、柔软而有韧劲、色泽洁白的米粉。炒码现切现炒，内容丰富，大约有十来种配料。单碗煸炒浇头，单碗做汤，时不时把汤浇进碗里仍复滗进锅里，浇头汤里放了多种佐料，使汤的滋味不断渗进粉里。制作油码时，先将鲜猪肉切丝，葱切花，锅置火上，放人熟猪油，下人豆腐乳、辣酱炒出香味，再下人鲜猪肉丝炒至散开，放酱油，加水煮成枣红色汤，中火烧开备用。将米粉放人碗内，先用开水烫过，再用汤锅烫一次。给烫好的米粉加上味精、葱花等佐料，再把烧开的油码连汤倒人米粉碗内即成。

【民俗】 赶秋节

赶秋节是湖南湘西苗族于每年立秋时举行的一个盛大节日，也是湘西苗族现存最古老的传统庆典社交活动之一。它既是欢庆丰收的节日，同时也是苗族青年男女进行社交的节日。随着时光的流逝和演变，苗族一些传统文体活动和祭祀活动又融入其间，形成了『喜满秋场、情满秋场』的热闹场面。每年立秋时节，远近村寨都停止农事，人们纷纷邀朋结伴，从各条山道络绎不绝地赶至秋场。节日气氛浓烈，年轻人尤为兴高采烈。姑娘、小伙子们无不盛装打扮，借由打秋千、绺巾舞、上刀梯、边边场等活动，期盼能在节日中寻偶择配。『苗族赶秋』于二〇一四年作为农历二十四节气的扩展子项目之一，被列为中国国家级非物质文化遗产代表性项目。

立秋

白露降

白露降。大雨之后，清凉风来，而天气下降，茫茫而白者，尚未凝珠，故曰『白露降』，示秋金之白色也。

第三十八候　白露降

大雨过后，凉风袭来，于是天上的水汽开始下沉，变成白茫茫一片，但是还未结成透明的水珠，所以叫『白露降』。这正显示了秋季在五行中属金象，而金象的代表色是白色。

昔追鹓辉长，风承雨露霏。
今忝鱼鳌守，望美洞庭归。
浦树悬秋影，江云烧落辉。
离魂似征帆，恒往帝乡飞。

岳州别赵国公王十一琚入朝　［唐］张说

张说作诗，叙事长于写景。但本诗颈联中的『悬』『烧』二字，却历来为人所称道，此联亦被认为是刻画洞庭秋景的佳句。湖光澄澈，树影如悬，落霞灼灼，江水绵绵。对洞庭湖秋日胜景的描摹，诗中两句，便胜过万语千言，纵有千里之遥、千年之悠，读者对那晚送别时的壮丽江景却犹如亲睹。

【鸟兽】 棉凫

棉凫，雁形目，鸭科，杂食性小型水鸟。主要分布于中国、印度、东南亚、新几内亚和澳大利亚北部等地。

棉凫是鸭科中体型最小的水鸭，羽毛主要呈白色。头圆，脚短。喙很像鹅的喙，短而底部较深。雄性棉凫繁殖时毛色泛黑绿色光泽，头部、颈部及下身主要呈白色。飞行时，雄鸟双翼呈绿色并有白带，雌鸟羽色较淡。在非繁殖期，雄鸟的羽毛与雌鸟相似。

一般生活在河川、湖泊、池塘和沼泽地，在多水生植物的开阔水域最为常见，有时也在村庄附近的小水塘和水渠中生活。在树洞中筑巢。主要吃种子及蔬菜，尤其是睡莲科植物，也吃昆虫、甲壳类动物等。

【草木】 睡莲

睡莲，睡莲科，睡莲属，多年生水生草本植物。在我国境内广泛分布，朝鲜、日本、印度、俄罗斯、北美地区等也有分布。

睡莲的叶呈圆形或近圆形，有些品种呈披针形或箭形；叶正面绿色，光亮，背面紫红色。少数品种的叶片在大缺裂顶端处与叶柄着生点之间，长出小植株，称之为『胎生』。

在长江流域，三月下旬至四月上旬萌发，四月下旬或五月上旬孕蕾，六至八月为盛花期，十至十一月为黄叶期，十一月后进入休眠期。

生于池沼、湖泊等静水水体中。江南一带名园，多设有欣赏睡莲风景的建筑。岳阳金鹗山公园的荷香楼临水而建，与曲栏遥相贯通，香蒲薰风，雨中赏荷，深受群众喜爱。

【美食】 南瓜苏豆皮卷

南瓜苏豆皮卷系湖南常德菜，因以南瓜苏作馅料，以豆油皮卷之而得名。南瓜苏豆皮卷造型如盛开鲜花，色泽黄绿相映，质地焦酥脆爽，口味鲜香清淡。其营养搭配合理，豆油皮富含蛋白质、脂肪，南瓜苏膳食纤维丰富，颇受食客欢迎。

主料为南瓜苏。配料有豆油皮、鲜红辣椒、西红柿、面粉等。调料有花生油、盐、味精、湿淀粉、香油等。

制作时将西红柿去籽去瓤切片，连同南瓜苏焯水后，相间地摆入盘子的周围。把红椒去蒂去籽，切成米粒状。用面粉和湿淀粉调成面粉糊。将南瓜苏的老叶摘去，剥去茎上的筋，下入沸水锅汆过，捞入清水内，用手搓去茸毛，挤干水分，切成小段，再加精盐、味精、香油、红椒米、面粉和湿淀粉调成糊。用洁布把木案擦净，然后将豆油皮铺好，抹上面粉糊，之后将南瓜苏糊铺在豆皮上，再将豆皮卷成筒，用面粉糊将接口粘好。把炒锅置旺火上，放入花生油，烧至六成热，下入豆皮卷，炸呈金黄色捞出，斜切成段，分层摆入盘中呈花瓣形即成。

【民俗】 交秋打谷

早稻通常在立秋前收获。俗语说：『早禾不吃立秋水。』湖南作为我国南方一大稻作文化中心，对秋收自然有很多古已有之的习俗和惯例，与之相关的俗语也为数不少。

《善化县志》中说：打稻则须交秋，有『秋前三日打不得，秋后三日打不彻』之语。稻谷六方，以象六合，稻秆七节，以应气候。自『谷雨』数至『大暑』，历七节气，秋至则禾熟矣。《安仁县志》则说：『处暑』前后刈中稻，谚曰：『处暑满田黄。』

水稻的收获时机非常重要。收获太早，籽粒不饱满，谷粒单位重量降低，青米率增加，产量降低、品质变差；收割过晚，掉粒断穗增多，撒落损失过重，稻谷水分含量下降，加工会更加困难，成品率下降，外观品质也会变差，导致丰产不丰收。历史上农民就总结出一套行之有效的观察稻收时机的方法。水稻在完熟时，植株大部分叶片由绿变黄，稻穗失去绿色，穗中部变成黄色，稻粒饱满，籽粒坚硬并变成黄色，就应该收获。所以农谚才说『九黄十收』。

立秋
寒蝉鸣
寒蝉鸣。寒蝉，《尔雅》曰『寒螀』，蝉小而青紫者。马氏曰：『物生于暑者，其声变之矣。』

第三十九候　寒蝉鸣

寒蝉，《尔雅》中叫『寒蜇』，是一种小而青紫色的蝉。马氏说：『诞生在盛夏的生物，到了秋天它的叫声也就改变了。』

西楚茱萸节，南淮戏马台。
宁知沅水上，复有菊花杯。
亭帐凭高出，亲朋自远来。
短歌将急景，同使兴情催。

湘州九日城北亭子　［唐］张说

重九佳节，历来为文人所重。诗人张说便记述了千年前沅江畔高岸孤亭里重阳饮酒的情境。沅江北逝，把盏凭台，菊香酒洌，故人远来，面对此情此景，作者诗情盎然，浅吟低唱，短歌一首，将昔时的文人意趣、佳节雅会记录于此，使千年后的今人，也能略感其意。

【鸟兽】 中华绒螯蟹

中华绒螯蟹，也称毛蟹、大闸蟹或河蟹，是一种主要分布在东亚地区的小型蟹种。顾名思义，它有一对发达的剪刀状的螯足，其掌部周围长着许多绒毛。有的情况下，蟹壳的宽度（壳宽）可达八厘米。秋季，雌性从河口迁徙到海洋中产卵。腹部为浅灰色，分为七段，雄性为三角形，雌性为圆形。

洞庭湖吞吐长江，是过水性湖泊，流水相对洁净，水草、螺蛳等饵料丰富，养蟹环境得天独厚。洞庭湖养蟹历史悠久，是我国重要的河蟹产地，养蟹水面超过五万公顷，年产量在五千吨以上。

《荷蟹图》［宋］佚名绘

【风物】岳州扇

岳州扇始于明末清初，是一种优秀的民间手工艺品。扇子总是与文人墨客相关，岳阳楼为闻名全国的江南三大名楼之一，加之范仲淹的《岳阳楼记》更是名垂宇内，为岳州扇赋予了丰富的文化内涵。人才辈出的苏杭也是全国扇子产地之一，但苏杭本地不产扇骨原料楠竹，需从岳阳等地采运，时间久了，会变质，唯岳州扇就地取材，价廉质优。中国歌舞剧院赴国外演出用的羽绒扇、中央电视台每年春节联欢晚会所需的各种扇子道具，均由岳州扇厂定点提供。岳阳所产扇子还出口至日本、韩国、澳大利亚、东南亚各国和欧美等地，在国际上享有一定声誉。一九七五年岳州扇因品种繁多、物美价廉，与杭州扇、苏州扇一同被轻工部评为全国三大名扇。

【美食】 安化擂茶

在安化等地流传着擂茶待客的习俗。安化流传的一首打擂茶歌谣唱道：『高山砍来山茶木，削个擂槌打擂茶。先放茶叶花生米，再放豆子炒芝麻。客人来了先请进，让客上坐吃擂茶。』安化有竹枝词云：『家家款客有擂茶，妇女逢迎笑语哗。炒豆煨姜随意着，最宜还是炒芝麻。』其礼遇和风俗可见一斑。擂茶还是婚礼上少不了的茶礼。有这样的民歌唱道：『新郎木棒手中拿，新娘扶钵打擂茶。擂茶白，擂茶香，不生伢子生姑娘。』这种新婚擂茶要由新娘亲手擂。新婚后，还要请百客来喝擂茶。

【民俗】遗穗

湖南很多地方收割稻谷都有留禾不割或施舍禾茅（穗）的习俗。湘乡一带，收割完最后一丘田禾，主人往往会主动给拾谷穗的孩子施舍几斤稻谷或一两捆禾茅（穗），当地人称『撒完工谷』；娄底、新化等地，收割时会留下最后一丘稻田田角的禾不割，留给拾禾的人，叫作『倒地角』。其意皆以示丰收，共同分享。邵阳、怀化等地则习惯每丘田角留一蔸禾不割，俗谓留给老鼠吃，以免老鼠找进屋来。

遗穗这种习俗由来已久，很多古籍上都对遗穗有记载。《诗经·大田》：『彼有遗秉，此有滞穗，伊寡妇之利。』《列子·天瑞》：『林类年且百岁，底春被裘，拾遗穗于故畦，并歌并进。』唐代白居易《观刈麦》诗更为有名：『右手秉遗穗，左臂悬敝筐。』宋代郑侠《醉翁行赠黎师醇》中则说：『行歌遗穟，浩然充塞，不以世俗琐屑累寥廓。』金代元好问《十月四日往关南》诗中说：『野旷无遗穗，林疏有堕樵。』

处暑

鹰乃祭鸟

鹰乃祭鸟。鹰，义禽也。秋令属金，五行为义，金气肃杀，鹰感其气始捕击诸鸟，然必先祭之，犹人饮食祭先代为之者也。不击有胎之禽，故谓之义。

第四十候　鹰乃祭鸟

鹰，是一种懂得仁义的鸟。秋季在五行上属金象，代表义，金象主肃杀之气，鹰感受到这种气息开始捕杀其他鸟类，但一定会先用捕到的鸟祭祀上天，就如同人在进餐前先用食物祭祀祖先的行为一样。因为鹰不会击杀即将产卵的禽类，所以说它是仁义的鸟。

日夜乡山远，秋风复此时。
旧闻胡马思，今听楚猿悲。
念别朝昏苦，怀归岁月迟。
壮图空不息，常恐发如丝。

初发道中寄远　［唐］张九龄

自古诗人吟风弄月，春秋两季便是最引诗情的时节。秋风一下，万木萧条，难免引出种种愁绪。本诗中诗人离乡日久，前路邈远，不禁触目伤怀，勾起阵阵幽思，慨叹壮志未酬、韶华不再。值得一提的是，诗中提到的楚猿，因其鸣声凄楚，素来是诗词中渲染愁绪哀情的常见意象。

【鸟兽】 松鸦

松鸦，雀形目，鸦科，肉食性中型鸟类。共有三十四个亚种，广泛分布于亚欧大陆及非洲西部，我国亚种主要分布在长江以南地区。

体长二十八至三十五厘米。翅短，尾长，羽毛蓬松呈绒毛状。头顶有羽冠，遇刺激时能够竖立起来。羽色随亚种而不同，大部分亚种额和头顶红褐色，口角至喉侧有一显著的黑色颊纹。上体葡萄棕色，尾上覆羽白色，尾和翅黑色，翅上有辉亮的黑、白、蓝三色相间的横斑，极为醒目。

森林鸟类，一年中大多数时间都在山上，很少出现于平原耕地。留鸟，秋天到后，开始过着游荡生活。冬季偶尔会到林区居民点附近的耕地或路边丛林活动和觅食。平常多见一对活动，秋后有结群现象，栖息在树顶上。食物以昆虫为主，也吃蜘蛛、雏鸟、鸟卵等。

【草木】 瘿椒树

瘿椒树，瘿椒树科，瘿椒树属，落叶乔木。分布于中国湖南、湖北、浙江、安徽、广东、广西、四川、云南、贵州等地。瘿椒树是中国特有种、老第三纪孑遗种，其种源极为稀少，为国家保护的三级濒危树种。

高八到十五米，树皮灰黑色或灰白色，小枝无毛；芽卵形。奇数羽状复叶，长达三十厘米，小叶五到九片，狭卵形或卵形。圆锥花序腋生，雄花与两性花异株。果序长达十厘米，核果近球形或椭圆形，长度为七毫米。

生长于山地林中。在海拔一千二百至一千四百米的沟谷和山坡天然阔叶林中偶有散生，与檫树、蓝果树、香果树、浙江柿、木荷、多脉青冈等混生。喜光，幼树较耐荫。在气候温暖湿润地区富含腐殖质的酸性黄红壤上生长较快。

【风物】 大禾人面纹方鼎

大禾人面纹方鼎，为商代晚期青铜器，一九五八年前后出土于湖南宁乡黄材炭河里。现藏于湖南博物院。

大禾人面纹方鼎是中国目前唯一的以人面纹为饰的鼎，通高三十八厘米余，口长二十九厘米余，宽二十三厘米余。颜色碧绿，器身略呈矩形，器身外表四周饰半浮雕的人面。人面周围有云雷纹，额部两侧有角，下巴两侧有爪。鼎腹内壁铸『大禾』两字，因此鼎亦被称为『大禾方鼎』。商周青铜器以兽面纹作主题纹饰较为常见，人面纹饰较为稀有珍贵，此鼎以四个相同的人面纹装饰器体的主要部位，更加奇特。有的专家认为这组人面纹有爪而无身，属于传说中『有首无身』、贪吃人的凶兽饕餮一类的怪神。究竟为何采用如此写实的人面纹作主题装饰，仍是个谜。

从艺术形式上看，此器运用反复、对称的装饰手法，布局严密，写实与抽象纹饰结合。四组相同的纹饰集于一身，不仅强化了装饰主题，而且给人视觉上以强烈的冲击，达到特定的装饰效果，反映出商代晚期青铜制作者已具备了较强的写实能力和形象概括能力。

【民俗】湘剧

湘剧，湖南地方戏曲剧种。流行于湖南中部、东部一带，以及江西萍乡、吉安等地。因以长沙、湘潭为活动中心，故一度又被称为长沙湘戏。湘剧用中州韵、长沙方言演唱，有高腔、低牌子、昆腔、弹腔四种声腔。湘剧形成于明代，至今已有六百多年的历史。中华人民共和国成立后，整理、创作了不少著名剧目，例如《琵琶上路》《打猎回书》《追鱼记》等。高腔剧目《拜月记》和创作的现代戏《园丁之歌》等都被摄制成影片。

处暑

天地始肃

天地始肃。秋者，阴之始，故曰『天地始肃』。

第四十一候　天地始肃

秋天，是阴气的起始，所以说『天地阳气收敛，肃杀之气渐起』。

八月湖水平，涵虚混太清。
气蒸云梦泽，波撼岳阳城。
欲济无舟楫，端居耻圣明。
坐观垂钓者，徒有羡鱼情。

望洞庭湖赠张丞相　［唐］孟浩然

孟浩然，名浩，浩然是他的字。孟浩然早年曾经作诗干谒，希望在朝廷谋得一官半职，亦曾短暂进入张九龄的幕府，但最终选择了归隐林泉，故而又被称作孟山人。本诗便是他在洞庭湖畔写给张九龄的诗。诗人只用两联，便将八百里洞庭的浩渺烟波、恢宏气势展现无余，使读者亦如临湖望远，一睹水天混成的胜景。

【虫鱼】 鳑鲏

鳑鲏，又称四方皮、镜鱼、彩圆儿，是鲤科中鳑鲏属、鱊属、田中鳑鲏属等鱼类的统称。广泛分布于东亚、东南亚和欧洲。

体型相仿，体侧扁，银灰色，有的带橙黄或蓝色斑纹，长约五至十厘米。卵圆形或菱形，头短，口小。分为有须和无须两种。生殖期雌鱼出现产卵管，雄鱼产生婚姻色或珠星。

大多数种类栖息于淡水湖泊底层、河流浅水区，少数种类生活于清澈多石的溪流中。它们平时生活于静水水体水草茂盛的环境中，喜群游。杂食性鱼类，食物以藻类为主，一般摄食硅藻及其他藻类、碎屑，少量的枝角类和桡足类，也可摄食水草、高等植物的叶片、沉淀的有机物、水生昆虫。依靠河蚌繁殖，活动范围小，寿命短。

《白蔷薇图》［宋］马远绘

【草木】

白蔷薇

白蔷薇，蔷薇科蔷薇属，直立灌木，高约两米。小枝有不等钩状皮刺，有时混有刺毛。小叶宽椭圆形或卵形，稀长圆卵形，边缘有单锯齿，下面被毛，托叶宽，半边有锯齿。花排列成伞房状，花梗有腺毛；萼筒光滑，萼片卵状披针形，有羽状裂片，外被腺毛；花瓣单或重瓣，一般为白色或粉红色，有香味。

白蔷薇我国各地均有栽培，供观赏用。

【美食】 江华竹筒饭

竹筒饭是永州江华瑶家美食。实际上南方各省大多有竹筒饭的做法，但是起源各异，形制不同，风味自然也不尽相同。江华瑶族自治县多山，当地瑶族群众自古以来，多生活在大山里，从狩猎到刀耕火种再到林区开发，与山结下了不解之缘。他们有时候几天都不能回到居所，而大山里渺无人烟，做饭便成了一大难题。于是瑶人发明了竹筒饭，作为野外耕作或伐木时的午饭。竹筒饭，顾名思义，自然是以竹筒代替铁锅做饭。其味清甜而纯，带着淡淡的竹香味，越嚼越觉得口舌生津，甜香无比。

这道菜主料为大米、咸菜和烤肉等。

制作时，先将刚砍来的新竹，截成一端留节作底的竹筒，用水洗净，然后把充分浸泡的大米和咸菜、烤肉等，放入竹筒内，以竹叶或树叶相隔，用湿泥封口，放进明火堆煨烤至熟，取出竹筒，劈开，饭软而清香，还略带新竹的芬芳。

【民俗】七夕

农历七月初七的节日活动主要在晚上进行，因此俗称七夕节，又称女儿节、乞巧节。此节的传说基础是人人皆知的牛郎织女传说。传统上七夕主要活动是『乞巧』，即向织女乞求一双巧手。乞巧最普遍的方式是对月穿针，如果从针穿过，就叫做巧。乞巧的方式大多是姑娘们穿针引线验巧，做些小物品赛巧，摆上些瓜果乞巧。湖南民间南朝以后，就一直有『乞巧』习俗。《荆楚岁时记》记载：『七月七日为牵牛织女聚会之夜。是夕，人家妇女结彩缕，穿七孔针，或以金银鍮石为针；陈几筵酒脯瓜果于庭中以乞巧，有喜子网于瓜上，则以为符应。』清康熙年间，永州『七月七日是夕为牵牛织女会聚之夜』。嘉庆年间，祁阳『男妇穿七孔针，陈瓜果于庭中，以「乞巧」。有蟢于网手瓜果，则以为得巧』。湘潭『妇女于月下暴水浮针，以卜女工之巧』。长沙『城乡多陈瓜果于庭，向星拜之，谓之「祀星」，犹是「乞巧」遗意』。各个地区乞巧的方式不尽相同，各有趣味，但都寄寓了人们美好的愿望。

《桐荫乞巧图》［清］陈枚绘

处暑

禾乃登

禾乃登。禾者，谷连藁秸之总名。又，稻秫苽粱之属皆禾也。成熟曰『登』。

第四十二候　禾乃登

这里的禾，是五谷以及各种作物的总称。另外也有说法，认为稻谷、高粱、菰米、粟米之类都是禾。谷物成熟叫作『登』。

洞庭秋正阔，余欲泛归船。
莫辨荆吴地，唯余水共天。
渺弥江树没，合沓海潮连。
迟尔为舟楫，相将济巨川。

洞庭湖寄阎九　［唐］孟浩然

洞庭湖西通巴蜀，东接吴越，襟带江湖，古来即为交通要冲。本诗写于诗人将要自岳阳返回襄阳之际，时值初秋，洞庭湖水势正盛，泛舟湖中，四望皆是茫茫秋水，难分方向，水天一色，旷远浩渺，碧波万顷，使人犹如置身海潮之上。此诗亦是作者青年时期的作品，其中流露出的渴望施展抱负的豪情，与湖湘胜景相得益彰。

【鸟兽】 豆雁

豆雁，鸭科，雁属，大型雁类。繁殖地分布于中国、西伯利亚、冰岛和格陵兰岛东部。在我国长江中下游和东南沿海越冬，西欧、伊朗、朝鲜和日本等地也是其常见的越冬地。

体长六十九至八十厘米，体重约三千克。外形大小和形状似家鹅。上体灰褐色或棕褐色，下体污白色，嘴黑褐色，具橘黄色带斑。

主要栖息于开阔平原草地、沼泽、水库、江河、湖泊、沿海海岸及其附近农田地区。飞行时双翼拍打用力，振翅频率高。有迁徙的习性，迁飞距离也较远。喜群居，飞行时成有序的队列，有一字形、人字形等。繁殖季节主要吃苔藓、地衣、植物嫩芽、嫩叶，包括芦苇和一些小灌木，也吃植物果实与种子以及少量动物性食物。成鸟通常在七月中旬至八月中旬换羽，其间基本失去飞翔能力。

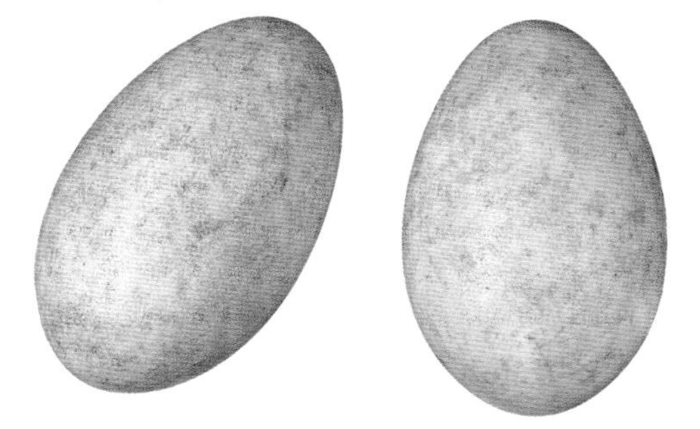

【美食】 攸县香干

攸县香干是湖南省著名的传统特色豆制品，发源于株洲市攸县境内。攸县香干具有豆味香浓、口感滑嫩、韧性十足、口味醇厚等优点，是老少咸宜的地方特色家常菜。

制作时必须选择新鲜黄豆，剔除杂质后洗净，用水浸泡数小时，让黄豆吃透水，之后磨成浆，滤去豆渣，适当加温后待其降到一定温度，与掺入的石膏水搅拌均匀为点膏，待豆浆将要凝固成豆腐脑时，再用瓢将豆浆舀到准备好的专用木箱内，轻压并滤干水分，即成新鲜香干。新鲜香干出箱后，用纱布包成块，用特制的木板轻轻压在香干上，大约四个小时后，就可以得到成形的香干块，而后将香干块用卤水进行卤制，就可以得到攸县香干的成品。食用时，先将香干切成片，放入滚水中焯一下捞出，再沥干水分。青、红辣椒洗净切碎备用，蒜苗洗净切段备用。在锅中放入少许油，下入辣椒，炒出香味后放入焯好的香干翻炒，然后依次放入适量酱油、盐、蚝油、鸡精、蒜苗段，翻炒均匀后勾芡淋少许香油即可装盘。

【民俗】 云阳山南岳宫庙会

云阳山南岳宫庙会是云阳山文化的重要组成部分。云阳山紧邻茶陵县城。据史志载，唐初，云阳山曾被封为南岳，只因洣水河不能通航大船，不便朝拜，所以后来改封衡山。但历代道教、佛教两派仍视其为『可以隐居，可以长生』的福地，故云阳山有『古南岳』之美称。传说南岳圣帝——神农眷恋云阳山的山水灵气和秀丽风景，在云阳山建造了避暑行宫，每年农历的六、七月便来到茶陵云阳山避暑。神农和神农族人当年来这里祭天祈丰，造福一方，从而逐渐形成了『六月、七月朝云阳，八月朝衡山』的习俗。因此，每年农历五月三十日、七月三十日，云阳山都要举行盛大的迎送驾庙会。

迎送南岳圣帝活动有祈丰舞、火龙舞、『草龙游山』和道士的『踏罡』『步斗』等形式。祈丰舞是五月三十日晚上的『迎驾』仪式中表演的一种形式，领舞的两男一女，各戴一副柳木面具，类似傩戏。跳完祈丰舞后，由身穿龙袍的道士（太上玄元皇帝的法身）主持迎驾法会。法会结束后是民间舞火龙。农历七月的最后一天晚上，由道观教做『送驾』法会，送南岳圣帝回衡山。这天有个民俗活动——『草龙游山』，请南岳圣帝上紫云峰祈丰台，草龙游山到祈丰台，绕四周一圈，每到一方，龙要点头，祈祷来年四方人寿年丰。

白露

鸿雁来

鸿雁来。鸿大雁小，自北而来南也。不谓南乡，非其居耳。详见『雨水』节下。

第四十三候　鸿雁来

鸿体型大雁体型小，从北方到南方来。之所以不说鸿雁是回到南方故乡，是因为南方不是鸿雁常住的地方。详细的缘由可以参见『雨水』一节。

南传信，北寄书，
半栖近岸花汀树。
似鸳鸯失群迷伴侣，
两三行海门斜去。

寿阳曲·平沙落雁　［元］马致远

这首小令也是马致远的潇湘八景曲之一。大雁春北归，秋南飞，因有鸿雁传书的传说，古来常把鸿雁比作信使加以歌咏。雁一旦离群就很难生存，因此孤雁也常被用来象征离群索居、宦游漂泊之人。这首小令开篇由雁而起，实则重在书信二字。『半栖近岸花汀树』说鸿雁停靠在花草丛生的浅滩边，不但点明了『平沙落雁』之题，还用『半』字铺陈出沙滩上群雁起落之景。『似鸳鸯失群迷伴侣，两三行海门斜去』一句写孤雁，一句写群雁，两相对比，充分写出了孤雁那似鸳鸯失侣的孤独与凄凉。以雁喻人，意蕴悠长。

【草木】 宽叶泽苔草

宽叶泽苔草，泽泻科，泽苔草属，多年生水生或沼生草本植物。分布于我国广东、湖南和台湾等省，马来西亚和印度等国亦有分布。

根状茎直立，通常较小。叶片扁圆形，长约四点五厘米，宽约六点五厘米，先端凹，中脉处急尖，凸起，基部平直，稀下延，叶脉隆起，平行，横脉密生。在适宜的环境中，植株自叶鞘内生出具繁殖芽的枝条，成熟后自然脱落，即可发育成新株。花葶直立，挺出水面，高三十至六十厘米，稀斜卧。花两性，外轮花被片绿色，内轮花被片白色。花果期七至九月。

常生于湖边浅水中或沼泽地。喜阳光充足，不耐旱；适宜生长温度为十六到三十摄氏度，不耐寒，越冬温度不低于五摄氏度。喜在浅水中生长。

【风物】 平沙落雁

平沙落雁是潇湘八景之一。南岳七十二峰之首的回雁峰，是平沙落雁的原型所在。

『山到衡阳尽，峰回雁影稀。应怜归路远，不忍更南飞。』由于古人地理思维的局限性，误以为雁到衡阳不再南飞。当北方天气转冷，雁阵南行，南方则秋风送爽、艳阳高照。旷野平沙，芦苇丛丛，常常引来雁阵栖宿。

回雁峰山虽不高，但历史名人的诗文以它为典故者甚多。唐代诗人王勃在《滕王阁序》中有『雁阵惊寒，声断衡阳之浦』的佳句。大诗人杜甫曾居衡阳，也留下了『万里衡阳雁，今年又北归』的诗句。钱起、刘禹锡、柳宗元、杜荀鹤、王安石、文天祥、范仲淹等都留有脍炙人口的诗文。文因景成，景借文传，回雁峰因此成了南岳第一名山，平沙落雁的典故也名扬海内。

【民俗】 酿酒

湖南资兴兴宁、三都、蓼江一带历来有酿酒习俗。每年白露一到，家家酿酒，待客接人必喝『土酒』。其酒温中含热，略带甜味，称『白露米酒』。白露米酒中的精品是『程酒』，因取程江水酿制而得名。《水经注·耒水篇》记载：『郴县有渌水，出县东侠公山，西北流而南屈注于耒，谓之程乡溪，郡置酒官酝于山下，名曰「程酒」。』《九域志》云：『程水在今郴州兴宁县，其源自程乡来也，此水造酒，自名「程酒」，与醽酒别。』白露米酒的酿制除取水、选定节气颇有讲究外，酿制方法也相当独特。如制程酒，须掺入适量糁子水（糁子加水熬制），然后入坛密封，埋入地下或者窖藏，待数年乃至几十年才取出饮用。埋藏几十年的程酒呈褐红色，斟之现丝，清香扑鼻，后劲极强。

白露

玄鸟归

玄鸟归。玄鸟，解见前，此时自南而往北也。燕乃北方之鸟，故曰『归』。

第四十四候　玄鸟归

玄鸟，解释同前，此时从南往北飞。燕子是北方的鸟类，所以用『归』字。

剪落青梧枝，灉湖坐可窥。
雨洗秋山净，林光澹碧滋。
水闲明镜转，云绕画屏移。
千古风流事，名贤共此时。

与贾至舍人于龙兴寺剪落梧桐枝望灉湖　［唐］李白

李白可称诗仙，不只因其诗飘逸洒脱，神思奇绝，也因其一生遍访名山大川，亦如陆地散仙，行止难期。这首诗写于诗人旅居岳阳之际，当时诗人携时任岳州司马的好友贾至秋游龙兴寺，凭高眺望雨后的湖光山景。诗中的灉湖即如今的岳阳南湖，古来便有无数名士流连于此，此地亦是著名的灉湖黄茶的原产地。

【鸟兽】 黑鹳

黑鹳，是鹳形目鹳科鹳属的一种大型涉禽，别名黑老鹳、乌鹳、锅鹳、捞鱼鹳。黑鹳广泛分布于欧洲各地，在亚洲也有分布。为国家一级濒危保护鸟类。它是一种迁徙鸟，冬季飞往南方过冬。东洞庭湖是黑鹳在我国的主要越冬地。

黑鹳在中国的珍稀程度并不亚于大熊猫，每年雏鸟的孵化都牵动着众多黑鹳粉丝的心。这种体态优美的大鸟有着超强的飞行迁徙能力，虽然在欧、亚、非都有分布，但近十多年来种群数量明显下降。

【农时】 棉花 采摘期

此时节是棉花采收的最佳时期。棉花的适时采收非常重要。若采摘过早，棉花纤维尚未充分成熟，产量和品质就会降低；若采摘过晚，棉絮经风吹日晒，会降低纤维拉力，色泽会受到污染，也会降低棉花质量。采摘期棉花应防止被雨淋，成熟的棉絮遇雨后，棉壳、棉叶的色素都会污染棉花，使洁白的棉花出现阴红、阴黄、灰白的斑点等，甚至还可能造成霉烂变质。

【美食】 君山鸡片

『君山银针』是湖南君山茶场特产，为中国名茶之一，历史悠久，每年谷雨前采摘。据《湖南省志》载：『巴陵君山产茶，嫩绿似莲心，岁以充贡。』君山茶盛称于唐，始贡于五代。此茶采用单一芽尖制成，冲泡在杯中，立而不倒，头如鹤立，又称『白鹤茶』『白鹤翎』。君山鸡片以此茶做配料而得名。

主料为鸡脯肉。辅料和调料有君山银针、味精、盐、鸡蛋清、芝麻油、百合粉、熟猪油、湿淀粉等。

先将鸡脯肉剔去筋膜，斜切成薄片，再将鸡蛋清打成泡沫状，放入百合粉、盐、味精调匀，再放入鸡肉片抓匀上浆。取茶杯，放入君山银针，用沸水冲泡两分钟后滗去水，再倒沸水冲泡，晾凉。开中火，放入熟猪油，烧至两成热时将鸡肉片逐片下锅滑油，八成熟时，连油倒入漏勺沥油。锅内留适量油，倒入鸡片，再将茶叶连水倒入，加入盐、味精，再以湿淀粉勾芡，持锅颠几下，出锅装盘，淋入芝麻油即成。

【民俗】围山狩猎

旧时，湘西土家人喜欢集合众人围山狩猎，围猎队伍有严密的组织分工，有人理脚迹，有人堵卡子，有人守网壕，有人赶山。打到猎物后，猎物的分配原则是『上山狩猎，见人有份』。野兽被打倒后，清点到场人数，每人分一根兽毛，证明是到场的人。将猎获的野兽抬回家，先敬梅山神，然后从颈项砍下，连头在内归开第一枪或刺第一刀的猎手。功劳第二的，叫『二彩』，分一条兽腿。野兽心肺，分给猎狗吃，其他就按人均分。分肉的方法是把每份肉用棕叶穿好，合着放在簸箕内，然后再盖上一个簸箕，仅棕叶露在外面。取肉时，将簸箕摇几转，谁也看不到肉的好差，每人拿着串肉的棕叶，拿好拿差，谁都没有意见。其他内脏及四蹄一锅煮，大家一起吃，共享狩猎胜利之乐并以此证狩猎、分配完毕。湖南其他地区狩猎民俗大同小异，一般分群体狩猎与个人狩猎。群体狩猎有明显的分工和固定的分配方式。

白露

群鸟养羞

群鸟养羞。三人以上为『众』，三兽以上为『群』；群，众也。《礼记注》曰：『羞者，所羞之食；养羞者，藏之以备冬月之养也。』

第四十五候　群鸟养羞

三个人以上称为『众』，三只兽以上称为『群』；群，就是众的意思。《礼记注》说：『羞就是食物；养羞的意思，是鸟类贮藏食物来准备过冬。』

五岭恓惶客，三湘憔悴颜。
况复秋雨霁，表里见衡山。
路逐鹏南转，心依雁北还。
唯余望乡泪，更染竹成斑。

晚泊湘江　［唐］宋之问

宋之问，唐代诗人。他的一生都处于宫廷政治斗争的漩涡之中，诗才虽佳，但作品大多是应制之作，内容让人略感空洞乏味。反而是在受他人牵连被贬岭南途中所作的诗，艺术性有很大提升。本诗便是写溯湘水南去途中，秋雨绵延，山水依依，作者面对此情此景，悲从中来，泪洒潇湘，诉说着无尽的客怨乡愁。

【鸟兽】 黑腹滨鹬

黑腹滨鹬，鸻形目，鹬科，小型涉禽，是北半球最常见的鸻形目鸟类之一，在中国主要为旅鸟和冬候鸟。

该物种全长约二十厘米。夏季上体棕色，下体白色，头灰褐色，有白色眉纹；颈与胸具黑褐色纵纹，腹部有大型黑斑。尾中央黑色，两侧白。冬季上体灰色，下体白色，颈和胸侧有灰褐色纵纹。虹膜暗褐色。喙黑色，较长而微向下弯。脚绿灰色。

常成群活动于水边沙滩、泥地或水边浅水处。性活跃，善奔跑，常沿水边跑跑停停，飞行快而直，发出粗而带鼻音的鸣叫声。有时也见单独活动。常与其他涉禽混群。主要以甲壳类、软体动物、蠕虫、昆虫、昆虫幼虫等各种小型无脊椎动物为食。主要在水边草地、泥地、沙滩和水边浅水处边走边觅食。有时也将嘴插入泥地和沙土中探寻食物。进食忙碌，取蹲姿。秋季迁来中国的时间为九至十月，春季离开时间为四至五月。

【农时】秋报

作为一个农业大国，传统中国是一个典型的农业社会，从事农业生产的人口一直占有绝大多数，有关农业和土地方面的崇拜与信仰在社会生活中占据重要地位。

农业的祭神活动源远流长，所祀之神可谓名目繁多。过去，几乎无村不建土地庙，无家不供天地爷，无处不塑龙王像。县城里必建城隍庙和八蜡庙，每到春秋还有不少由官方主持的祭典，以促农种，以报秋实。在农民心目中，土地神是掌握土地和庄稼的神灵。它能够保佑禾苗壮大，能够防御风雹虫害，只要虔诚地供奉之，便可获得丰收。秋收后，向土地神表达谢意，这就是『春祈秋报』中的『秋报』。

【美食】 尖椒炒临武鸭

临武鸭是中国的八大名鸭之一，属肉蛋兼优型，有着上千年悠久的养殖历史，曾作为朝廷的贡品，声名远播。它具有生长发育快、体型大、产蛋多、肉质细嫩、皮下脂肪沉积良好、味道鲜美等特点，当地老百姓称之为『勾嘴鸭』。无论烧、炒、炖，还是制成盐水鸭、板鸭，均风味别具。尖椒炒临武鸭便是临武鸭的代表做法之一。

主料为临武鸭。辅料和调料有红尖椒、葱、大蒜子、生姜、干辣椒。调料有八角、桂皮、胡椒、茶油、盐、酱油、味精等。

制作时，先将红尖椒洗净去蒂、去籽。将临武鸭洗净，剁成小方块后待用。将锅用旺火烧热，加茶油，改小火煸炒鸭肉。放入大蒜子、生姜、八角、桂皮、干辣椒、精盐、酱油，炒至色泽金黄后再放水盖过鸭块，用大火焖二十分钟，再改用小火焖十分钟，慢慢收汁后待用。将锅洗净后，倒少量茶油，放入红尖椒煸炒，加少许盐，煸出香味后再倒入焖好的鸭子一起翻炒几下，再加入少许味精、胡椒翻炒一下，再撒葱段出锅即成。

【民俗】摸秋

为了繁衍后代，湖南旧时普遍流行在中秋进行一项特别的乞子活动：『送瓜』或曰『摸秋』。农历八月十五日夜，婚后尚未生育的妇女，在小姑或其他女伴陪同下，到田野瓜架、豆棚下暗中摸索摘取瓜豆，故名。清代梁绍壬《两般秋雨庵随笔》中记载：『女伴秋夜出游，各于瓜田摘瓜归，为宜男兆，名曰摸秋。』《湘潭县志》记载：『有新娶家，亲友则择小儿奉南瓜，饰以花红，金鼓随之，谓之「送瓜」。农家妇祈嗣者，或自于瓜棚下摘瓜以相馈送，谓之「摸秋」。』民间相传，摸到南瓜的即可生男孩，因『南』与『男』谐音；摸到扁豆则生女孩，因扁豆又称『娥眉豆』。瓜豆之主非但不责怪『偷摘』者，反而以此为乐。摸瓜之俗，湖南各地大同小异。

秋分
雷始收声
雷始收声。鲍氏曰：『雷二月阳中发声，八月阴中收声，入地则万物随入也。』

第四十六候　雷始收声

鲍氏说：『雷在二月阳气居中之时开始作响，在八月阴气居中之时收敛，声音潜入地下，于是万物也随之潜藏进地下。』

孤舟微月对枫林，分付鸣筝与客心。
岭色千重万重雨，断弦收与泪痕深。

听流人水调子　［唐］王昌龄

本诗是作者被贬为龙标尉后，赴任途中所作。一般认为流人是指流浪江湖的乐师，水调子则是其所奏筝曲。作者孤舟南下，夜泊枫林，金风瑟瑟，秋雨层层，何况又有同样流落无依的乐师鸣筝戚戚，诗人举目遥望，前路茫茫，幽昧不明，唯有头上一弯残月，清光下彻，一如游子之心。

【草木】 天师栗

天师栗，别名猴板栗，无患子目，七叶树属，落叶乔木。分布于我国湖南、湖北、四川、云南和贵州等省。生长于海拔一千至一千八百米的阔叶林中。弱阳性，喜温暖湿润气候，不耐寒，深根性，生长慢，寿命长。

高十五至二十米，小枝密生细毛。掌状复叶对生，小叶五至七枚，长倒卵形、矩圆形或倒披针形，有细锯齿，幼时下面密生灰色细毛，最后几天无毛。初夏开花，圆锥花序长达三十厘米，花白色，有芳香。蒴果有尖顶。

【风物】 炎帝陵祭典

炎帝陵位于湖南省株洲市炎陵县城西南十五千米处的炎陵山山麓。相传上古时代，中华民族的始祖炎帝神农氏来南方巡视，尝草采药，为民治病，不幸误尝毒草身亡，安葬于此。据史料载，从汉代起，祭祀炎帝已成习俗。

炎陵县的炎帝陵祭典历史悠久，祭祀方式包括文祭、物祭、炎祭、乐祭、龙祭等。祭典分官方祭祀和民间祭祀两种，民间祭祀连年累月不断，官方的公祭、告祭也从古代一直延续下来。史料记载，盛大的祭典于宋代就『三岁一举』，明代不下十五次，清代有三十八次之多。在漫长的历史进程中，炎帝陵祭典已成为一个涵盖音乐、舞蹈、文学等多个领域的综合性文化载体，蕴含着丰富的传统文化内涵。改革开放以来，随着炎帝陵在华人界影响力的不断加强，参加炎帝陵祭典已成为炎黄子孙寻找民族认同，企盼国家统一，抒发爱国情感的重要方式。

【美食】 糖油粑粑

长沙的糖油粑粑成本低廉，但其制作工艺精细讲究，有特殊的制作过程。它虽不能登大雅之堂，更不能与山珍海味相媲美，但正是因其亲民的特点，能出入平常百姓家，才受到民众的厚爱，成为民间长吃不厌的小吃。在长沙，不管是何身份地位，也不管男女老少，凡是热爱生活、懂得享受吃的乐趣之人，都能领略吃糖油粑粑的美妙感受，都对那几毛钱一个的糖油粑粑有特殊感情。早上几个糖油粑粑下肚，立刻神清气爽，体力充沛，下午几个糖油粑粑打牙祭，提神饱肚，精神旺盛。糖油粑粑的滋味和作用在长沙人眼里都是奇妙无穷的。

【民俗】 中秋节

中秋节，俗称团圆节。中秋佳节，皓月皎洁，全家在月下摆设香案供桌，供设时新瓜果、莲藕、月饼，敬月赏月，合家团聚。长沙民谣有『八月桂花香，家家接姑娘』，已嫁之女均接回娘家过节。中秋期间，妇女有簪桂花或在房中插桂花的习俗，各地还有到南岳朝『八月香』之旧习。中秋主要节日食品是月饼，湖南部分地区也有端午不吃粽子却在八月中秋包粽子的习惯。

秋分

蛰虫坯户

蛰虫坯户。陶瓦之泥曰「坯」，细泥也。按《礼记注》曰：「坯，益其蛰穴之户，使通明处稍小，至寒甚乃墐塞之也。」

第四十七候　蛰虫坯户

制作陶瓦用的泥称为『坯』，是细泥的意思。依据《礼记注》的说法：『虫子在这个时节给它们栖身洞穴的洞口培土，让透光的地方略微缩小，到了更加寒冷的时候才完全堵死。』

摇曳巴陵洲渚分，清江传语便风闻。
山长不见秋城色，日暮蒹葭空水云。

巴陵送李十二　［唐］王昌龄

巴陵即现在的岳阳，李十二指的是大诗人李白，唐人平辈间喜欢称呼排行，且是按照祖父第几孙来排行。当时诗人贬谪岭南，与舟行至巴陵的李白在洞庭湖相遇，短暂的欢聚后便是更久的离别。诗的后两句惆怅不已，秋水连山，日暮蒹葭，水云之间早已不见孤城，湖畔一别，知己便天各一方。

【鸟兽】 发冠卷尾

发冠卷尾，雀形目，卷尾科，中型鸟类。分布于我国长江以南地区，以及印度、缅甸、老挝、泰国、越南、菲律宾、印度尼西亚等地。

体长二十八至三十五厘米。全身羽绒黑色，缀蓝绿色金属光泽。前额顶基部中央着生十多条丝发状冠羽，其基部约三分之一处发羽具细小丝状分支。繁殖期间，丝发状冠羽最长者可达一百一十二毫米，并披向后颈延伸到上背部。尾呈叉状尾，最外侧一对末端稍向外曲，并向内上方卷曲。翅飞羽及翅上覆羽纯黑色，具铜绿光泽。

栖息于海拔一千五百米以下的低山丘陵和山脚沟谷地带，多在常绿阔叶林、次生林或人工松林中活动。单独或成对活动，很少成群。主要在树冠层活动和觅食，树栖性。主要以金龟甲、金花虫、蝗虫、蚱蜢、竹节虫、蚂蚁、蜂、蛇、蜻蜓、蝉等各种昆虫为食。

在我国主要为夏候鸟，每年四月迁来我国繁殖，四月末五月初到达北部繁殖地，九月末十月初开始南迁。

【草木】青檀

青檀，又名翼朴，蔷薇目，青檀属。稀有种，为中国特有的单种属，零星或成片分布于我国湖南等多个省区。

高达二十米以上，胸径达七十厘米以上。树皮灰色或深灰色。叶纸质，叶面绿，叶背淡绿，在脉上有稀疏的或较密的短柔毛。花期三至五月，果期八至十月。

阳性树种，常生于山麓、林缘、沟谷、河滩、溪旁及峭壁石隙等处，成小片纯林或与其他树种混生。适应性较强，喜钙，喜生于石灰岩山地，也能在花岗岩、砂岩地区生长。较耐干旱瘠薄，不耐水湿，根系发达，常在岩石隙缝间盘旋伸展。生长速度中等，萌蘖性强，寿命长，留有千年古树。对有害气体有较强的抗性。

【美食】 甜酒

冷甜酒，湖南小吃。既可原杯冷吃，亦可加水煮食。冷甜酒由糯米经过蒸煮、微生物发酵后制得，营养丰富、酒度低、酸甜可口，酒味香甜醇浓、米糟色泽洁白，有祛寒散血之功用。作为湖南人招待客人的家酿，深受广大群众喜爱。

制作时将糯米倒入一个大木盆内，加清水淹过糯米，浸泡两小时（冬季四小时），淘洗干净，沥去水分，放入一个垫好纱布的大蒸笼内，盖好，上大气蒸半小时（蒸至十五分钟时，揭去笼盖，在米上洒一些清水，再蒸十五分钟），然后将蒸笼端离火。将熟饭倒入一个竹箩内，放在水龙头下冲冷，再用冷开水冲一遍，冲冷时，要用手不断翻动饭粒，直至全部冷透沥去水分，将熟饭倒入一个干净大盆内。将酒曲用碾子碾成粉末状，均匀地撒在冷饭上，用双手反复抄匀，抄匀后放入一个大蒸钵内，压平压紧，在中间挖一个洞眼，用木盖盖好，放置在三十摄氏度左右的温室内，两到三天取出即成。

【民俗】 瑶家瓜箪酒

自古以来，瑶族人民大都居住于高寒山区，劳动强度相当大，经常要以酒来活血御寒；再加上瑶胞好客，亲朋好友来了，要以酒相待，开怀畅饮。因而大多数瑶家男女都爱喝酒，尤其是自家酿制的『瓜箪酒』。这是瑶家招待客人的特制酒。这种酒用糯米制成。它酿成糊酒后，掺上清泉水或凉开水，饮用时用瓜瓢舀出倒在碗里，连液带渣一起喝下。此酒酒精度数不高，香甜可口。用餐时，由家里最年轻的姑娘斟酒盛饭，主人则频频向客人夹菜敬酒。客人若大方开怀畅饮，主人就会越发高兴，倍加亲热。

秋分

水始涸

水始涸 《礼记注》曰：『水本气之所为，春夏气至故长，秋冬气返故涸也。』

第四十八候　水始涸

《礼记注》中说：『水本是水汽所产生的，春夏水汽到来，所以江河水涨，秋冬水汽返回，因此江河就干涸了。』

桂阳秋水长沙县，楚竹离声为君变。
青山隐隐孤舟微，白鹤双飞忽相见。

送万大归长沙　［唐］王昌龄

王昌龄的送别诗别具特色。现存的诗作中，仅此一类，就有四十余首。本诗不单写了作者目送友人轻舟远去的场景，更提到了楚竹。古人离别饮宴，最不缺的便是笙管笛箫。这些管乐器多为竹质，而湖南自古便是竹材的主产区，斑竹所制则尤为风雅。本诗中作者与友人离别之际，楚笛湘曲，离声悠悠，别愁萦怀，戚戚切切，一如潇湘秋景，哀婉而隽永。

【鸟兽】 野猪

野猪，别名山猪，鲸偶蹄目猪科杂食动物。野猪分为欧洲野猪和亚洲野猪，在全世界有二十七个亚种，亚种间和亚种内核型都有一些差异，但彼此间没有繁殖障碍。华南野猪是我国广泛分布的野猪亚种。现今人类肉品食物主要来源之一的家猪，也是于八千年前由野猪驯化而成。野猪与家猪外貌极为不同，成长速度也远比家猪慢。同龄野猪体重一般比家猪轻，因野猪生长年限较家猪长，成年野猪体型较大。

野猪白天通常不出来走动，一般早晨和黄昏时分活动觅食，中午时分进入密林中躲避阳光。大多集群活动，四至十头一群是较为常见的。野猪喜欢在泥水中洗浴。雄兽还要花好多时间在树桩、岩石和坚硬的河岸上，摩擦它的身体两侧，这样就在皮肤上磨出了坚硬的保护层，可以避免在搏斗中受到重伤。

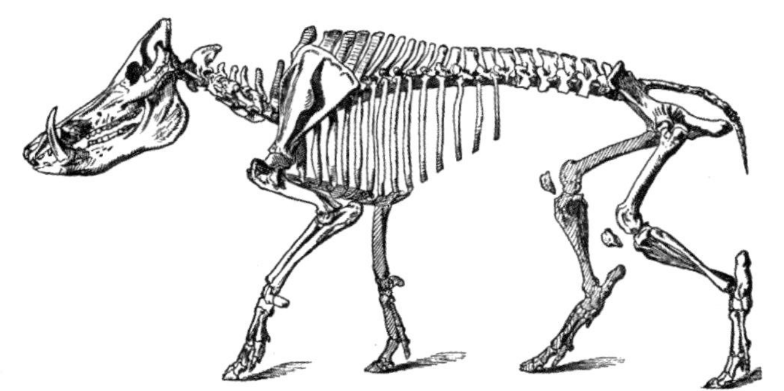

【草木】桂花

桂花是中国人对木樨科木樨属众多树种的习称，代表物种为木樨，常绿灌木或小乔木。在中国，分布极为广泛。高三至五米，最高可达十八米。树皮灰褐色。花极芳香，花冠黄白色、淡黄色、黄色或橘红色。果歪斜，椭圆形，成熟时呈紫黑色。花期九至十月上旬，果期翌年三月。

桂花为中国传统十大名花之一，是集绿化、美化、香化于一体的观赏性与实用性兼备的优良园林树种。桂花之香清可绝尘，浓能远溢，堪称一绝。尤其是仲秋时节，丛桂怒放，夜静轮圆之际，把酒赏桂，馨香扑鼻，令人神清气爽。在中国古代的咏花诗词中，咏桂之作的数量也颇为可观。

桂花可药用，可酿酒，可泡茶，可食用。以桂花为原料制作的桂花茶是中国特产茶，香气柔和，味道可口，为大众所喜爱。

【美食】 坛子菜

湖南人擅长腌制坛子菜、熏腊鱼腊肉、做霉豆腐与卤蛋等。生姜、茄子、苦瓜、萝卜等晾晒腌制后，既是美味食品，又是馈赠佳品。将刀豆、姜做成蝙蝠形，谐音『福』；制成喜鹊形，象征『喜』：美好的寓意使其更受欢迎。

湖南泡菜是腌制蔬菜中非常有代表性的一种，以湿法发酵加工制成，是传统泡菜的一种。泡菜制作容易，成本低廉，且利于贮存。湖南泡菜的主要原料是各种蔬菜，咸酸适度，味美而嫩脆，能增进食欲，帮助消化。湖南泡菜不像四川泡菜那样加入很多香料和调料，而是加入辣椒和生姜。湖南各地区都有自制泡菜的风俗习惯，湘西地区的泡菜颇为出名，它按照传统工艺制作，吃时拌上红亮的油辣子，其味无穷。

【民俗】跳香节

跳香节是苗族秋季传统节日。苗族在立秋之前祭拜神衣，在秋收完成后过『跳香节』，祭五谷神和神衣。每年农历的九月二十日至十月十日这段时间，村村寨寨，都要举行跳香活动，庆祝年成丰收。这段日子，统称为跳香节。这天，苗族祭司要主持男青年跳舞来祭祷五谷神与神衣，而后唢呐伴奏，十二个童男童女在方桌上边舞边唱，祈愿丰收。通常每个村寨的跳香活动时间为两天，但具体日期错开，不互相冲突，便于出嫁的妇女既能参加丈夫村寨的跳香，又能回娘家参加跳香，同时也便于不同村寨的亲戚朋友互相来往祝贺。全过程可分为尝五谷、驱七煞、宰六畜三个阶段。从傍晚开始到第二天凌晨结束。活动在村寨祠堂举行，巫师诵念一个时辰的丰收经后，人们就开始喝米酒，尝五谷，吃坨坨豆腐，载歌载舞。高潮过后，巫师念经驱除瘟、病、虫、风、火、水、旱七煞，祈求来年风调雨顺。黎明活动结束，人们回家杀猪宰羊，大办酒席，款待亲朋。这一习俗既充满神秘的苗巫氛围，又有欢快热闹的活泼场面，完全保留了当地苗族先民人神共乐的遗风。

寒露

鸿雁来宾

鸿雁来宾。雁以仲秋先至者为主，季秋后至者为宾。《通书》作『来滨』。滨，水际也，亦通。

第四十九候　鸿雁来宾

大雁在中秋时节先到的称为主，在深秋时节后到的称为宾。《通书》中写作『来滨』。滨，就是水边的意思，这种解释也是合理的。

刬却君山好，平铺湘水流。
巴陵无限酒，醉杀洞庭秋。

陪侍郎叔游洞庭醉后三首（其三）［唐］李白

此诗作于李白晚年，当时诗人在江夏郁郁数年未能得志，故而南下来到巴陵。在洞庭湖畔，诗人与被贬至此的好友贾至、同宗的叔父李晔纵情山水，欢歌饮宴。八百里洞庭的浩渺烟波和君山湘水的秋日胜景，伴随着岳阳城里的好酒，多少抚平了诗仙太白自流放夜郎以来数年间的晦暗心绪，清酒一樽，万古愁销。

【鸟兽】 普通鸬鹚

普通鸬鹚，鲣鸟目，鸬鹚属，大型水鸟，别名鱼鹰、鸬鹚等。世界各地均有分布。

体长七十二至八十七厘米，体重大于两千克。通体黑色，头颈具紫绿色光泽，两肩和翅具青铜色光泽，嘴角和喉囊黄绿色，眼后下方白色。繁殖期间脸部有红色斑，头颈有白色丝状羽，下胁具白斑。

常成群栖息于水边岩石上或水中，呈垂直站立姿势。栖息于河流、湖泊、池塘、水库、河口及其沼泽地带。善游泳和潜水，游泳时颈向上伸得很直、头微向上倾斜，潜水时首先半跃出水面，再翻身潜入水下，捕食各种鱼类。

在我国多为家养，野生种群现较少。多数为留鸟，分布在南方地区，少数在黄河流域繁殖，于南方地区越冬。迁到北方繁殖地的时间一般在三月末四月初，秋季一般于九月末十月初往南方越冬地迁徙。迁徙时常集成小群，有时亦有近百只的大群。

【农时】芒麻　压条　中稻　蜡熟

芒麻在每年的采收期前后都可以进行人工繁殖，通常采取无性繁殖的办法，具体又分为压条、扦插和分株三种常见的方法。在春秋季节最常用的方法是压条，这一方法操作简单，成活率高。当麻株中下部茎呈褐色时，在麻地四周开沟，把准备压条的麻株下部叶片打掉，使麻秆弯曲，上盖疏松肥沃土壤，用脚踩紧，使泥下部分黄化，从而易于生根。梢端要露出，使部分叶片继续进行光合作用。如果土壤保持湿润，枝条入土后一周内开始生长不定根，十来天可以出芽，到冬季或明春，视压条芽子的多少，将其切成小段，按计划的植株行距进行移栽。

中稻此时也进入蜡熟期，不久就将完熟。

【风物】 马王堆T形帛画

马王堆T形帛画，西汉彩绘帛画，一九七二年出土于马王堆一号汉墓。外形似展开的衣服，遣策中记载其名为『非衣』，以『似衣而非衣』得名。现藏于湖南博物院。

全画呈T形，长二百零五厘米，上宽九十二厘米，下宽四十七厘米余，向下四角缀有穗形飘带，顶边裹有竹竿一根，两端系丝带用于悬挂。画面内容可分三部分：上部为天界，正中烛龙神，立鹤、鸿雁环绕四周。右上方绘有红色的太阳，中有金乌，下面是八个小太阳，栖息于扶桑树枝中。左上方绘有月牙，上有蟾蜍和玉兔，月下一女子凌空飞舞，双手攀住月牙，应为神话中的『嫦娥奔月』。左下方有一翼龙腾跃于云气之上，右下方有一龙飞舞于扶桑树之间，应为『应龙』和驾日车的『六龙』。烛龙下方画有两个兽面人身骑着异兽奔驰的神，分别用绳牵拉同一乐器——铎，使之震响，此乃欢迎升天之灵魂的最高仪式。两位兽面人身神应是天上的『司铎』或『风伯』，两只异兽应为神马『飞黄』。木铎下方绘双阙，阙上两旁各蹲一神豹，阙内两人拱手相坐，恭敬作揖，应为把守天门的『司阍』，意为迎接升天的灵魂。中部是人界，用写实的手法描绘墓主辛追出行的场景。下部是地狱，鲧赤身裸体，托举大地，脚踩两鳌鱼，以镇压风浪。

T形帛画对了解汉代及此前的丧葬制度、绘画技艺和文化传统意义重大，是无价之宝。

【民俗】祁剧

祁剧，又称为『祁阳戏』『祁阳班子』，江西、福建等地在清末则称为『楚南戏』，中华人民共和国成立后，正式定名为祁剧。它是一个在湖南祁阳形成的地方戏曲剧种，也是一个艺术根底深厚的古老剧种，在剧目、音乐唱腔、脸谱服饰上都有鲜明的特色，直到现在，祁剧中还保留着『帽形爆鼓』这种古老的乐器。祁剧分永河、宝河两大流派，永河弹腔戏较多，宝河高腔戏较多。高腔是祁剧中最古老、最有特色的一种声腔。祁剧总的艺术特色是高亢、粗犷，带有浓郁的山野气息。《目连传》《精忠传》《观音戏》和《夫子戏》等是祁剧最具代表性的传统剧目。

寒露

雀入大水为蛤

雀入大水为蛤。雀，小鸟也，其类不一，此为黄雀。大水，海也，《国语》云：『雀入大海为蛤。』盖寒风严肃，多入于海。变之为蛤，此飞物化为潜物也。蛤，蚌属，此小者也。

第五十候 雀入大水为蛤

雀，是一种小鸟，种类有很多，这里指的是黄雀。大水，就是大海，《国语》中说：『黄雀飞入大海变为蛤蜊。』因为寒风凛冽肃杀，所以黄雀大多飞入大海。变成蛤蜊，这是飞翔的动物变成了潜游的动物。蛤，是蚌类的生物，这里说的是比较小的蛤蜊。

帝子潇湘去不还，空余秋草洞庭间。
淡扫明湖开玉镜，丹青画出是君山。

陪族叔刑部侍郎晔及中书贾舍人至游洞庭五首（其五）

［唐］李白

李白在洞庭湖畔与贾至、李晔二人相逢，日日饮宴欢歌。眼前的湖山美景，船外的万顷碧波，激发了诗人晚年又一次创作高潮。本诗便是作于一次游湖途中，太白诗情恣肆，连作七绝五首。酒酣兴至，越写越佳，本诗便是这组作品中的最后一首，堪称点睛之作。诗中既有舜帝南巡的典故，又有明湖玉镜的比拟，将虽非画卷、胜似丹青的君山秋意图尽展后人眼前。

【虫鱼】 鳜

鳜，又名季花鱼、桂花鱼、桂鱼、花鲫鱼、母猪壳等，鲈形目，鳜属，肉食性鱼类。分布很广，除青藏高原外，全国各大河流水系及各淡水湖泊中均有繁殖。

体高侧扁，背隆起，头大，口裂略倾斜，上下颌前部的小齿呈犬齿状。体色棕黄，腹灰白，圆鳞甚细小。体侧有不规则暗棕色斑块、斑点。大的能长到十几斤重。

性凶猛，常以其他鱼虾为食，冬季停止摄食。常栖息于静水或缓水水域底层，冬季在水深处越冬，春季天气转暖后常到沿岸浅水区觅食，觅食多在夜间。喜群集，有成对活动的习性，在一条鳜鱼后面往往还有一条紧随其后。

鳜繁殖季节一般在五月中旬至七月上旬。雌鱼两年达性成熟，雄鱼一年可达性成熟。成熟的鳜在江河、湖泊、水库中都可自然繁殖，一般在下雨天或微流水环境中产卵，受精卵随水漂流孵化。

【草木】 穗花杉

穗花杉，柏目，穗花杉属，灌木或小乔木。在我国分布于湖南、江西西北部、湖北西部及西南部、四川东南部及中部、西藏东南部、甘肃南部、广西、广东等地。

高达七米。树皮灰褐色或淡红褐色，裂成片状脱落。雄球花穗一至三穗。花期四月中旬至五月上旬。雌球花授粉而不及时受精，一至三个月后花粉管萌发，胚珠逐渐变成种子，翌年五至六月种子成熟。

阴性树种，喜温凉潮湿的环境和雨量充沛的气候，生长于林下。立地的土壤为黄壤或黄棕壤，富含腐殖质。

叶常绿，上面深绿色，下面有明显的白色气孔带。种子椭圆形，成熟时假种皮红色，下垂，极美观，可作庭园树。由于它起源古老，形态、结构和发育特异，对研究古地质、古地理、植物区系以及植物分类等方面有着重要意义。

【风物】 隆回滩头年画

被誉为民间美术一绝的隆回滩头年画，与蜚声华夏的天津杨柳青年画和苏州桃花坞年画齐名。《隆回县志》记载，明末清初时滩头镇就开始印制年画。

传统的滩头年画，题材主要来自民间，特别是民间的传说和故事。它的形式也尽力贴近民间，适应百姓的需要，中堂、斗方、屏条等形式应有尽有，全张、托半、托二、托四等规格一应俱全。人们把民间美术的美学结构定格为意象美结构，并把它的对应体系归纳为祝福祈祥、镇妖辟邪、爱情婚姻、家庭繁衍、神人圣贤五大类。在艺术风格上，滩头年画一直保留着原有的风味：构图简洁，乡土气息浓郁，极具湖湘文化特色。

【民俗】 谢厨师

湖南人设宴之后有谢厨师的习俗。在乡村，一场宴席都由厨师统筹安排，主家不必操心。炒菜师傅大都非常珍惜自己的声誉，会尽职尽责大显厨艺以获宾客称赞。因此主家散席后一定要谢厨师，谢礼为毛巾、布匹、好酒或糖果，对炒菜师傅则另加一块肥肉。当然，所有师傅都会拒收礼物，与主家客气一番。湖南侗族的谢厨师习俗别具一格，在许多宴席上客人对厨师唱歌致谢。比如侗族《谢厨歌》是这样唱的：『厨师师傅常操心，睡半夜来起五更。坐了几多冷板凳，烧手烫脚费精神。扣肉堆成鲤鱼背，萝卜切成绣花针。内杂小炒加木耳，猪脚清炖拌香葱。蛋调面粉做酥肉，蜂糖小米做粉蒸。巧手办出十样锦，艺高算得第一名。吃在口里生百味，多谢厨师一片心。』每每办完酒席，厨子挑着一块肥肉返乡回寨时，引来路人羡慕目光，成为一道乡间风景。

寒露
菊有黄华
菊有黄华。草木皆华于阳，独菊华于阴，故言有桃桐之华皆不言色，而独菊言者，其色正应季秋土旺之时也。

第五十一候　菊有黄华

各种植物都在阳气增盛的时候开花，唯独菊花在阴气增盛的时候开花，之所以在说桃花、桐花开放的时候都不提到颜色，却唯独说菊花（是黄色的），是因为菊花的黄色对应五行中的土，也对应着晚秋这个土象旺盛的时节。

刘生隐岳阳，心远洞庭水。
偃帆入山郭，一宿楚云里。
竹映秋馆深，月寒江风起。
烟波桂阳接，日夕数千里。
袅袅清夜猿，孤舟坐如此。
湘中有来雁，雨雪候音旨。

巴陵别刘处士　［唐］王昌龄

岳阳城得洞庭水运之便，古来即是东西船运、南北交通的要冲。王昌龄送别友人，作诗于岳阳城，但全诗除首句提到洞庭湖之外，其余皆是对别后对方沿途所见所感，乃至到达目的地之后心绪的想象，这也是王昌龄送别诗的一大特点。诗中朋友溯湘江南下，沿途楚云秋竹、山月江风、烟波帆影、猿啸孤舟，无不照应着友人凄伤落寞的心绪，但这又何尝不是诗人心头深沉的思念。

【鸟兽】 红嘴相思鸟

红嘴相思鸟，雀形目，相思鸟属，小型鸟类。分布于我国长江以南地区及甘肃、陕西南部，东南亚和南亚次大陆也有分布。

体长十三到十六厘米。嘴赤红色，上体暗灰绿色，眼先、眼周淡黄色，耳羽浅灰色或橄榄灰色，两翅具黄色和红色翅斑，尾叉状，黑色，颏、喉黄色，胸橙黄色。

留鸟。栖息于海拔一千二百至两千八百米的山地常绿阔叶林、常绿落叶混交林、竹林和林缘疏林灌丛地带。除繁殖期间成对或单独活动外，其他时间多成三五只或十余只的小群，有时亦与其他小鸟混群活动。性大胆，不甚怕人，多在树上或林下灌木间穿梭、跳跃、飞动，偶尔也到地上活动和觅食。善鸣叫，繁殖期间鸣声响亮、婉转动听。主要以毛虫、甲虫、蚂蚁等昆虫为食，也吃植物果实、种子等植物性食物，偶尔也吃玉米等农作物。

【草木】相思子

相思子，别称红豆，豆目，相思子属，广泛分布于中国南方地区，因王维的《相思》一诗而闻名。

藤本，茎细弱，多分枝。羽状复叶；小叶八至十三对，膜质，对生，近长圆形。总状花序腋生，长三至八厘米；花序轴粗短；花小，密集成头状；花萼钟状，萼齿四浅裂，被白色糙毛；花冠紫色，旗瓣柄三角形，翼瓣与龙骨瓣较窄狭。荚果长圆形，果瓣革质，成熟时开裂，有种子二至六粒；种子椭圆形，平滑具光泽，上部约三分之二为鲜红色，下部约三分之一为黑色。花期三至六月，果期九至十月。

【美食】 常德牛肉粉

常德米粉是湖南闻名遐迩的风味小吃，历史悠久。早在十九世纪六十年代，常德就有了生产米粉的店坊。常德人不论男女老幼，都喜欢食用米粉。外地来的客人，也以品尝常德米粉为乐事。米粉洁白，圆而细长，形如龙须，象征吉祥。逢年过节，吃食米粉，以示往后岁月，一家人有如米粉一样，团团圆圆；过日子有如米粉一样，细水长流。常德饮食店的米粉，有免码粉与油码粉两种。米粉烫好装碗后，调以各种佐料，再盖上油码，米线软滑滚烫，浓香四溢，味美可口，独具风味。

大米经浸泡、磨浆、滤浆、煮浆、搅拌、入榨、烫煮、冷却等工序，制成粗细均匀、柔软而有韧劲、色泽莹白的米粉。将牛肉按传统方法红烧，以桂皮、八角茴香等三十余种香辛料祛膻提香，其滋味讲求浓醇深厚，集香、辣、鲜于一体；米粉用开水烫熟，挑入盛有用牛杂骨炖成的鲜汤的碗中，放适量盐、味精、酱油、葱花等，将一勺红烧牛肉连汁浇在汤粉上即可。

【民俗】 重阳菊花酒

菊花酒古称长寿酒，其味清凉甜美，古人认为有养肝、明目、健脑、延缓衰老等功效。重阳喝菊花酒的习俗，早在汉代就已有之，《西京杂记》载：「菊花舒时，并采茎叶，杂黍米酿之，至来年九月九日始熟，就饮焉，故谓之菊华酒。」这里说的就是最早的菊花酒酿法。湖南民间所喝的米酒，大都属自家酿造。许多地区喜自酿「重阳酒」饮用。《常宁县志》中说：「重阳节，登高，佩茱萸。簪菊花，藉草饮酒。」在重阳节前十天用优质糯米酿成甜酒，待甜酒酿成时，再放入欲开的菊花汁液酿造一宿，便成菊花酒。将此酒于重阳节装进小陶瓷坛子密封保存，留待来年饮用，因此古时菊花酒都是头年重阳节时专为第二年重阳节酿的。重阳菊花酒品醇味甜，是米酒中的上品，男女老少皆宜。

霜降

豺祭兽

豺祭兽。祭兽，以兽而祭天，报本也。方铺而祭秋，金之义。

第五十二候　豺祭兽

祭兽，就是用野兽祭天，这是报答上天的恩赐。豺把捕获的猎物铺设成方形来祭祀秋，这是表达秋季五行属金象的含义。

芦花谢，客乍别，泛蟾光小舟一叶。

豫章城故人来也，结末了洞庭秋月。

寿阳曲·洞庭秋月　［元］马致远

这首小令是马致远潇湘八景曲中的一首。秋季芦花凋谢，朋友刚刚辞别，在月色波光里作者泛着一叶扁舟。朋友从南昌远道而来，走了之后却只剩下洞庭湖上的一轮秋月与自己相伴。这首小令遣词平易，但感情曲折，是马致远作品里的上乘之作。

【草木】 毛花猕猴桃

毛花猕猴桃，猕猴桃科，大型落叶藤本植物。分布于我国湖南、浙江、福建、江西、贵州、广西、广东等省区，生长于海拔二百五十米至一千米山地上的高草灌木丛或灌木丛林中。

小枝往往在当年一再分枝，大枝可达四十毫米以上。小枝、叶柄、花序和萼片密被乳白色或淡污黄色直展的绒毛或交织压紧的绵毛。叶片软纸质，卵形至阔卵形。叶柄短且粗。聚伞花序简单，花瓣顶端和边缘橙黄色，中央和基部桃红色，倒卵形，花丝纤细，浅红色，花药黄色。五月上旬到六月上旬开花，十一月果实成熟。

毛花猕猴桃果实营养极为丰富，维生素的含量很高，并含有多种氨基酸等。

【风物】洪江古商城

洪江古商城坐落在沅江、巫水汇合处，漕运发达，在古代是著名的驿站和商贸城镇。洪江古商城历史悠久，于明清时期达到鼎盛，以桐油、木材、白蜡等物资集散而闻名，是滇、黔、桂、湘、蜀五省区的物资集散地，是湘西南地区经济、文化中心，素有『湘西明珠』『小南京』『小重庆』『西南大都会』之美称。因此，洪江古商城在性质上属地区性的经济中心城镇，而商业高度发达是洪江古商城有别于其他地方城镇的主要特点。

【胜景】 洞庭秋月

洞庭湖，古称云梦、九江和重湖等，跨湖南、湖北两省。东周时期，因湖中洞庭山（今君山）而得名。洞庭湖北纳长江，西南两面接湘、资、沅、澧等诸水，由城陵矶回注长江。

洞庭湖因其区位，积淀了深厚而丰富的历史和文化，非中国其他湖泊可以比拟，既是湖湘文化的主要发源地，更是中国传统文化的有机组成部分。古已有之的『五湖四海』这个说法，五湖其一就是洞庭湖。湖湘地区因远离中原文明核心区，古来长期与西域、东北等区域作为中原王朝远谪和流放政治对手的场所。流放不始于屈原，但屈原被放逐，尤其是流放到沅湘地区之后，其一系列的创作成为汉民族文艺的一脉源流。『风骚』中的『骚』成为中国文化中理想浪漫主义的开山祖。

月是汉文化最核心的几个吟咏意象之一，咏月也成了历千年而不衰的经典主题。『洞庭』与『秋月』二者在『八百里洞庭』中相互交融，便有了潇湘八景中极具浪漫主义色彩的洞庭秋月。

【民俗】秋社祀社神

《统天万年历》记载：『立春后五戊为春社，立秋后五戊为秋社。』在汉代以前，只有春社而无秋社，汉以后才设有秋社。春秋二社，是古代祭祀土神的日子，南朝梁宗懔《荆楚岁时记》中描述：『社日，四邻并结综会社，牲醪，为屋于树下，先祭神，然后飨其胙。』从这里可以看出，古代的社日，不管春社或秋社，都是人们拜祭土神和乡邻聚会宴饮的旧俗，也是古代的传统节日之一，倍受人们的重视。人们拜祭土神，是感谢土神给人间带来丰收。湖南在历史上是以稻谷种植为主的地区，因此，春秋二社的拜祭仪式是较为隆重的。按古代的收获季节，秋社在立秋后的第五个戊日，时间多在新谷登场的八月。如果说拜春社是人们在春种时祈求年丰的话，那么秋社就是报年丰的日子。因此，在秋社日拜祭完土神后，人们便会举行各种各样的宴饮娱乐活动。陆游《秋社》中说：『雨余残日照庭槐，社鼓冬冬赛庙回。又见神盘分肉至，不堪沙雁带寒来。书因忌作闲终日，酒为治聋醉一杯。记取镜湖无限景，蘋花零落蓼花开。』

霜降
草木黄落
草木黄落。
色黄而摇落也。

第五十三候　草木黄落

这个时候草木颜色枯黄，叶子飘落。

佳士欣相识，慈颜望远游。
甘从投辖饮，肯作置书邮。
高鸟黄云暮，寒蝉碧树秋。
湖南冬不雪，吾病得淹留。

晚秋长沙蔡五侍御饮筵，送殷六参军归澧州觐省

［唐］杜甫

杜甫晚年羁留湖湘，老病缠身，生活困顿，笔下诗作大多悲苦沉郁。本诗基调虽然沉郁低回，但或因杜甫目睹了湖南众多四季常青的草木而心有所感，其诗九分沉重之外，也孕育着一线生气。目睹高鸟黄云，诗人无法挽留逝去的韶光，但寒蝉碧树又暗示着：虽是深秋，万物似乎也在期待熬过秋冬，再赴来春。

【鸟兽】 凤头潜鸭

凤头潜鸭是一种中等大小的潜鸭，别名泽凫、凤头鸭子、黑头四鸭。繁殖于欧亚大陆北端，越冬于欧亚大陆南部和非洲北部。在我国繁殖于黑龙江、吉林和内蒙古，越冬于南方。在湖南为冬候鸟，种类数量少，仅分布于洞庭湖及周边湖泊。

雄性凤头潜鸭的头颈部黑色，并具有紫色金属光泽。最具特色的是它的头顶有一根略长而下垂的『小辫』，这就是所谓的凤头，随头部运动而不时摆动的凤头令其看起来非常俏皮可爱。腰胸背部的羽毛都是深黑色，下背部的羽毛上有时带有纤细的乳白色斑点，腹部和胁部的颜色则为乳白色，上下体颜色对比非常鲜明。雌鸟则以深褐色为主。凤头潜鸭以动物性食物为主，它们的食谱包括软体动物、虾蟹、小鱼、蝌蚪等，尤其喜欢软体动物。

【草木】长苞铁杉

长苞铁杉，松目，长苞铁杉属，常绿乔木。我国特有树种，分布于湖南南部、贵州东北部、广西东北部及福建南部山区。

高可达三十米，胸径可达一米以上。树皮暗褐色，叶片辐射伸展，条形，直，长一至二点五厘米，宽一至二点五毫米。球果直立，圆柱形，熟时深红褐色。种子三角状扁卵圆形。三月下旬至四月中旬开花，球果十月成熟。

生长于海拔三百至两千三百米的山地林中，喜温暖湿润气候和酸性红黄壤。有人工栽植的纯林。

【美食】 浏阳官渡唆螺

在元朝，浏阳官渡镇称为居陵郡，为浏阳首府。相传，首任郡台宴请宾朋，其妻潘观英用田螺烹制了一道『唆螺』，食客需用舌头顶着田螺口，然后将舌头往后拉卷，田螺肉便跟着舌头进入口腔，味道鲜美，且颇为有趣，客人无不称颂。此后官渡人逢年过节或遇重大喜庆活动必吃此菜，久而久之，便演变成了官渡的地方习俗，一直流传至今。

主料为田螺。配料有薄荷、紫苏、茴香、生姜、韭菜、野芹菜、野苦麦等。调料有辣椒粉、茶油、猪油、味精、食盐、酱油、白酒等。

制作时，先将田螺放入水盆中，养四天，吐泥沙。把田螺洗刷干净，去螺盖、螺尾，再次洗净。将薄荷、紫苏、茴香、生姜、韭菜、野芹菜、野苦麦等配料剁碎，加上辣椒粉、茶油、味精、食盐、酱油和白酒搅拌调味。将调好味的配料从螺口置入螺壳内，敷平至田螺口，将田螺有序装碗，再将剩余配料敷于螺壳表面，并淋上猪油和茶油。将装好田螺的碗置于已上汽的蒸笼中蒸十分钟，取出即可。

【民俗】 重阳节

九月初九是重阳节，又称为重九，主要节俗是秋游登高、佩茱萸、赏菊、饮菊花酒、吃重阳糕等。登高一般是指登高山、登高塔。《桂东县志》记载：『九日，采菊摘萸。同辈携壶挈榼蹑山颠（巅）畅饮，亦有用鼓吹者。文人赋诗相和，孩童剪纸作鸢，为风筝之戏。』《兴宁县志》还记载：『近城人士或携壶盏至云盖、羊角诸山登高，乡村多以此日为「修路会」。』除登高、插茱萸外，亲友们三五相邀，同饮菊酒，共赏菊花。长沙人『「重九」城乡士绅多载酒登高，效桓景遗事。畜菊家层累花钵，各色诸备。谓之「菊屏」』。重阳糕又称花糕、菊糕、五色糕，制无定法。辰州府人『用米粉为糕，和饧蒸之，曰「重阳糕」。又乡俗以十三日为「小重阳」，十九日为「大重阳」』。讲究的重阳糕要做成九层，像座宝塔，上面还做成两只小羊，以符合重阳（羊）之义。有的还在重阳糕上插一小红纸旗，并点蜡烛灯。这大概是用『点灯』『吃糕』代替『登高』，用小红纸旗代替茱萸。重阳节前，湖南农村的稻田已经全部收割，故重阳节也有谢丰收的意味。

霜降

蛰虫咸俯

蛰虫咸俯。咸，皆也；俯，垂头也。此时寒气肃凛，虫皆垂头而不食矣。

第五十四候　蛰虫咸俯

咸，是都的意思；俯，是低头的意思。这个时节寒气肃杀凛冽，虫子都低头并且不再进食了。

沅湘流不尽，屈宋怨何深。
日暮秋烟起，萧萧枫树林。

三闾庙　［唐］戴叔伦

戴叔伦，字幼公，唐代诗人。半生为官，晚年上表辞官做了道士，诗作大多描绘隐逸生活。三闾庙即供奉屈原的庙宇，全国有多处，诗中提到的位于今湖南汨罗。诗人参谒屈原庙，眼见江水浩荡，秋烟暮起，金风西来，层林尽染，古时先贤的遗恨，和如今诗人的孤寂，跨越千年，同在心头。

【鸟兽】 东北刺猬

东北刺猬，别名刺猬、刺球子。猬科，刺猬属，哺乳动物。广泛分布在欧洲、亚洲北部，在中国的北方和长江流域也广为分布。

体肥矮、爪锐利、眼小、毛短、嘴尖而长、尾短；体背和体侧满布棘刺，头、尾和腹面被毛；前后足均具五趾，跖行，少数种类前足四趾。受惊时，全身棘刺竖立，卷成如刺球状，包住头和四肢。住在灌木丛内，会游泳，怕热。东北刺猬是异温动物，不能稳定地调节自己的体温，使其保持在同一水平，所以在冬天时有冬眠现象。每年秋末气温下降时开始冬眠，冬眠长达四五个月的时间。

【草木】 龙舌草

龙舌草，水鳖科，水车前属，沉水草本植物。广布于亚洲东部及东南部、非洲东北部和澳大利亚热带地区。中国湖南、广东、海南、广西、四川等省区都有分布。

具须根，茎短缩。叶片因生存条件的不同而形态各异，多为广卵形、卵状椭圆形、近圆形或心形，也有狭长形、披针形乃至线形，全缘或有细齿；在植株个体发育的不同阶段，叶形常依次变更：初生叶线形，后出现披针形、椭圆形、广卵形等叶；叶柄长短随水体的深浅而异。两性花，偶见单性花；佛焰苞椭圆形或卵形。花无梗，单生；花瓣白色、淡紫色或浅蓝色；花药条形，黄色。种子多数，纺锤形，细小。四到十月开花。

常生于湖泊、沟渠、水塘、水田以及积水洼地。

【农时】 湘莲 新藕形成

湘莲到此时进入新藕形成期。由于湘莲并非是以食用莲藕为主的品种，因此莲藕本身只作为繁殖用，无须采收。通常的做法是，将新藕在田中留种，也就是就地越冬留种。由于种藕在田间越冬，因此田间要保留一层浅水，不能干燥，以免冻坏藕种。应注意的是，避免在有湘莲腐败病发生的田里留种，以防病害扩散。

【民俗】开山酒

旧时邵阳一带，进山伐木前，山客要办一桌丰盛的筵席款待木伕子，名叫『开山酒』。进山后，便在一棵最大的树底下敬山神，由领头师傅主祭：在树下用石头架祭坛，燃香烧纸，口中念念有词，意思是祈请神灵保佑，不出事故。接着杀雄鸡一只，将鸡血涂在树干上，并贴几根鸡毛。这棵历代保存下来的大树，要永远保留下去，不许损毁。如果采伐量大，又是在距离村寨较远的大山深处，就得『坐山采伐』——在山上搭棚子，吃住都在工棚里。工棚搭好后，领头师傅要杀雄鸡『起水安煞』，不许毒蛇、猛兽来捣乱。采伐一般采用『择伐』，只选大的砍，把小树留下，以保青山常在，叫作『抽壮丁』。在搭棚这天，领头师傅先去山中抽壮丁，将需要砍伐的树木用几根稻草捆在树干上做个记号，山里人很珍爱杉木，称它为『金条』，故也叫『捆金条』。需砍多少，就捆多少金条。领头师傅第二天清早起床后便在棚门口插三炷香敬神，口念『山神保佑，百做百顺』以祈求平安。

冬　气行至此，四时尽矣。天气上腾，地气下降。天地不通，闭塞而成冬。冬，藏也，终也。斗柄北指，天下皆冬。属水，色黑，主北方。

一年气候运行，到了冬季，也就是四季的终末。古人认为此时天上的阳气上升，大地的阴气下降，天地之气互不相通，缺少了活力，于是形成了冬季。冬季各种动物都藏形匿迹，植物也枝叶凋敝。冬也是一年终结的意思。在天文上，当北斗七星的斗柄指向了北方，神州大地就步入了漫长的冬季，这是吃穿用度皆仰赖于四时农作的华夏先民所总结出的经验。然而，一岁有尽，亘古无终，当万物都挨过北风的侵袭，冰消雪融，新的轮回又将开启。冬季五行属水象，代表色是黑色，代表方位是北方。

立冬
水始冰
水始冰。水面初凝，未至于坚也。

第五十五候　水始冰

这个时节水面开始凝结，但尚未形成坚实的冰层。

穷冬万花匝，永夜百忧攒。
危戍临江火，空斋入雨寒。
断猿知屡别，嘶雁觉虚弹。
心对炉灰死，颜随庭树残。
旧恩怀未报，倾胆镜中看。

闻雨　［唐］张说

张说被贬岳州，随着季节的推移，他的一首首诗作也记录着四时岳阳城给他留下的不同感受。既有春花秋月的风雅，也有苦夏穷冬的熬煎。南国冬日迥异的季候，给曾久居京华的作者留下了深刻印象。景虽清美，心仍烦忧，远戍湖山不胜愁。寒雨潇潇，雁嘶猿鸣，庭树摇落，独看江火，悲从中来。

【虫鱼】鲤

鲤，通称为鲤鱼，又名华南鲤、青鲤等，是鲤科鲤属的一种鱼类，广泛分布于东亚的淡水河流湖泊中。

鲤鱼自古就是吉祥的象征，因此古诗中也经常出现各种鲤鱼的形象，作为一种精神寄托。由于鲤鱼的『鲤』和『利』谐音，故有『渔翁得利』『家家得利』之说。其他如『富贵有余』『年年有余』中的『余』也多指鲤鱼。民间更广泛流传着『鲤鱼跳龙门』之说。

【草木】 石山棕

石山棕，别名崖棕，棕榈科，石山棕属，丛生植物。分布于中国湖南南部、广东北部、广西东北部和西南部，以及云南南部，越南北部亦有分布。

植株矮，丛生，高半米至一米，茎外倾或直立，很短，具密集的叶痕，茎通常为老叶鞘所包被而不明显。叶掌状深裂，扇形或近圆形，具单折的外向折叠的裂片二十余片，叶背有闪光的银灰色柔毛。花序长三十至八十厘米。果实近球形，外果皮蓝黑色，被蜡层。种子直径约四至五毫米，胚乳均匀，胚侧生。花期五至六月，果期十至十一月。

常生长于堆有腐殖质土的石灰岩壁缝中，喜温暖、湿润及向阳之处，耐阴、耐旱，亦耐轻霜。石山棕是良好的盆栽观叶植物，在南方温暖地区可植于园中假山石旁。

【美食】 排骨藕汤

洞庭湖地区自古以来就是莲藕的重要产区，湖区百姓的饮食中藕的做法历史悠久、丰富多彩。湖区谚语「鲜藕止血，熟藕补血」「女子三日不断藕，男子三日不断姜」等，都说明藕滋补身体的功效及其在湖区备受欢迎。

排骨藕汤是以排骨、藕为主要食材做成的一道菜品，是湖区名菜。该菜既有藕的清甜，又有排骨的香浓，是温润美味的佳品。该菜鲜香味美，营养丰富，开胃益血，有补气补钙的功效。制作排骨藕汤时应注意藕的选择，虽然各地都有莲藕，但用湖区独特的烹调方式烹制洞庭湖的莲藕，却别有一番风味。

【民俗】 侗家合拢宴

侗寨里来了贵宾稀客，好客的侗家人都会请客人吃『合拢饭』，又叫『合拢宴』。这是通道等地侗家山寨长期沿袭下来的风俗习惯。到吃饭的时候，寨子里每户人家都会送来一碗味道各异的菜，多达十几碗，甚至几十碗，有鸡、肉、鱼、蛋等，摆在堂屋或空坪长长的条桌上，合拢成椭圆形或长方形，这就是侗家的『合拢宴』。

关于『合拢宴』的来历，传说从前侗乡发生一次瘟疫，一寨传染一寨，一户传染一户，许多人病倒了。这时，有个寨子来了一位青年郎中，他白天上山采药，晚上挨家挨户给病人看病、熬药、喂药，寨子里的人得救了。为了报答这位救命恩人，一家办一个菜，家家表心意，合拢来摆成一席，以谢恩人。另有一说：侗族英雄吴勉带领义军经过一个侗寨，被寨佬留下做客。寨民知道后，家家都要留英雄吃饭，互不相让，这时寨中一个聪明的姑娘想出了个主意，在寨子中间找了一块空坪，让每家出一道菜，拿来木板摆成长桌，把饭菜凑在一起，共同请英雄吃饭。于是沿袭下来就成了『合拢宴』。现在的『合拢宴』一般是在村寨、家族接待贵宾或举行盛大的庆典活动才进行，木板摆成的长桌可无限延伸，主宾相对而坐，且歌且饮，兴味盎然。

立冬

地始冻

地始冻　土气凝寒，未至于拆

第五十六候　地始冻

土地中寒气凝结，但尚未达到冻裂土地的程度。

冬夜伤离在五溪，青鱼雪落鲙橙齑。
武冈前路看斜月，片片舟中云向西。

送程六　[唐] 王昌龄

离别之宴不只是叙情伤别，也要佐以珍馐美味。本诗就提到了鱼鲙这种历史悠久的美食。鱼鲙源自周朝的醓醢，也就是鱼肉做成的酱。在食用鱼鲙时，惯用以葱、盐、醋、芥、齑酱做成的酱汁来佐食，再搭配紫苏叶和白萝卜丝。古时一些地区民风粗犷豪放，流行生食，鱼鲙因口感细腻，从各种生食中脱颖而出。本诗中的鲙就是用青鱼做的鱼鲙，佐以湖南的用鲜橙制作的齑酱，其滋味鲜美无比。齑酱的材料因时节而异，春用葱姜，夏用梅蒜，秋用芥，冬用橘蒜，四时气候及物产不同，饮食风味也各异，所以诗中才说是橙齑。

【虫鱼】 叉尾斗鱼

叉尾斗鱼，俗名兔子鱼、天堂鱼等，鲈形目，斗鱼属。分布于长江上游及南方各省。

成鱼体长五至七厘米。体形略侧扁，头略尖，眼黄色，瞳孔黑色，眼部有一道横的细短黑纹，鳃盖上有一蓝色盖斑，雄鱼的盖斑较明显。体色为浅褐色，雄鱼体侧有红蓝或红绿相间的纵纹，随鱼的状态纵纹颜色会改变，状态不佳时会褪为浅红色或浅绿色。雌鱼体侧纵纹不鲜艳且不明显，通体呈浅褐色。腹鳍有一根分节鳍条特别延长，背鳍与臀鳍基部长，两鳍呈深蓝色，有浅蓝色或白色边缘，尾鳍红色，呈叉状。

多生活于山塘、稻田及水泉等浅水地区。除正常呼吸器官之外，还长有褶鳃，可以在水面上呼吸。生性好斗，偶尔会攻击其他的小型鱼类，主要以无脊椎动物为食。

【草木】黏木

黏木，金虎尾目，黏木属，灌木或乔木。分布于中国湖南、福建、海南、广东、广西、云南和贵州，越南也有分布。

高四至二十米。树皮干后褐色。单叶互生，纸质，无毛，椭圆形或长圆形。蒴果卵状圆锥形或长圆形。种子长圆形，一端有膜质种翅，种翅长十至十五毫米。花期五至六月，果期六至十月。

生长于海拔三十至七百五十米的路旁、山谷、山顶、溪旁、沙地、丘陵和疏密林中。适生于砖红壤性红壤或红壤性黄壤中，土层深厚。在海拔较低的疏林中，树下幼苗、幼树常见，而在海拔较高的密林中，树下幼苗、幼树极少，天然更新不良。

【美食】 桂花蹄筋

猪蹄筋，即猪的前后脚连接关节的腱子，经人工抽出后干制而成。其中从后脚抽出的筋质量最好，长而粗壮，韧性强。此菜质地柔软松泡。由于松散的蛋黄粘满蹄筋，有如芳香的桂花绽开其上，故名。桂花蹄筋的制作，关键在于把握鸡蛋与蹄筋合炒的时间，既要使蛋黄松散成花，更要使其黏附在蹄筋之上。桂花蹄筋是湖南传统名菜中的一绝。

主料为油发猪蹄筋。配料有熟火腿肉、猪瘦肉、鸡蛋清、鸡蛋黄等。调料有熟猪油、盐、味精、料酒、胡椒粉、肉清汤、香油等。

将油发猪蹄筋在制菜的前一天泡发，切条，汆沸水去油脂，沥水。在炒锅放熟猪油烧热，倒入蹄筋，加精盐、料酒、肉清汤煮两分钟，倒入漏勺，沥干水。把火腿切细末，猪瘦肉剁泥。搅发蛋清蛋黄，加味精、精盐、肉泥，调匀。把炒锅置旺火上，放入熟猪油，烧至六成热时，将调匀的鸡蛋和蹄筋同时下锅翻炒。要使鸡蛋松散地粘连在蹄筋上，再沿锅边淋熟猪油，用手勺翻动，至蛋花呈金黄色时，盛入盘中，撒上火腿末、胡椒粉，淋入香油即成。

【民俗】 苗家万花茶

绥宁南部苗家有待客喝油茶习俗，流行『万花茶』，制作方式较简单。先将成熟的冬瓜和未老的柚子皮切成手指大小而形状不同的条条片片，再在上面雕刻各种花草、鸟兽、虫鱼等吉祥如意的图案。把雕好的冬瓜、柚子皮用稀释了的石灰水浸泡，去掉生涩苦味，然后与青铜、明矾一起用文火煮沸返青，使之仍然新鲜脆嫩。待沥干水后，加适量的白糖、蜂糖和桂花香精，拌和均匀，然后反复曝晒，使之透明如玉。

饮用时，抓几片放进滚沸的开水中，冲泡成浓郁香甜的万花茶。万花茶是苗民招待贵客的饮料，也可用它来表示男女之间的爱情。青年男子上门求婚，如果姑娘中意，她捧给小伙子的茶杯里将有四片透明如玉的万花茶——两片『凤凰并翔』和两片『并蒂莲花』；如果姑娘没有看中男子，茶杯里则只有三朵万花茶，而且都是单花独鸟，求婚者自然知趣而回。

立冬

雉入大水为蜃

雉入大水为蜃。雉，野鸡。郑康成、《淮南子》高诱俱注『蜃』为『大蛤』。《玉篇》亦曰：『蜃，大蛤也。』《墨子》又曰：『蚌，一名蜃。』蚌非蛤类乎？《礼记》之注曰『蛟属』，《埤雅》又以蚌、蜃各释，似非一物矣。然按《本草》车螯之条曰：『车螯是大蛤，一名蜃，能吐气为楼台，又尝闻海旁蜃气成楼垣。』《章龟经》曰：『蜃大者为车轮，岛屿月间，吐气成楼，与蛟龙同也。』则知此为蛤，明矣。况《尔雅翼》引《周礼》诸家，辩蜃为蛤甚明。《礼记》之注以谓『雉由于蛇化』之说，故以雉子为蜃，《埤雅》既曰『似蛇而大，腹下尽逆鳞』，知之悉矣。然复疑之，一曰状似螭龙，有耳有角，则亦闻而识之，不若《本草》《章龟经》为是，即一物耳。大水，淮也，《晋语》曰：『雉入于淮为蜃』

第五十七候　雉入大水为蜃

雉就是野鸡。郑康成、《淮南子》高诱注都把『蜃』字解释为『大蛤』。《玉篇》里也说：『蜃，是大型的蛤类。』《墨子》又说：『蚌，也叫蜃。』那么蚌不是蛤类吗？《礼记》注把蚌说成是蛟类的生物，《埤雅》又对蚌和蜃分别释义，这么看似乎蚌不算蛤类的生物。但是依据《本草》车螯的条目说：『车螯，是一种大型蛤类，也叫蜃，能吐出气息化作楼台，又曾听说海边的蜃吐出的气能化作城楼和城墙。』《章龟经》说：『蜃中体型大的能长到车轮大小，在岛屿、月间吐出气息变成楼宇，和蛟龙是一样的。』我们就能知道这里说的蜃就是蛤，这是很明白的了。况且《尔雅翼》中援引《周礼》各家的解释，将蜃解释为蛤是非常清楚的。《礼记》的注解因为有传言『野鸡是由蛇变成』的说法，所以把幼年的野鸡当作蜃，《埤雅》也说『蜃像是蛇但体型更大，肚子下面都长着逆鳞』，了解得很详尽了。但对此又有疑问，也有说法认为蜃长得像螭龙，长着角和耳朵，这就是靠道听途说来认识蜃，不如《本草》《章龟经》说得明白，即蜃和蛤就是同一种东西。大水，说的是淮河，《晋语》里说：『野鸡进入淮河就变成了蜃。』

留君夜饮对潇湘，从此归舟客梦长。
岭上梅花侵雪暗，归时还拂桂花香。

送高三之桂林　［唐］王昌龄

湘江是我国境内较为罕见的南北流向的大江，在交通不便的古代，湘江便是沟通南北的重要水路。湘江水面平阔，流量丰沛，适于各种类型的船舶通航。因此自王昌龄被贬西南，谪守龙标，遇有相识的游子宦家、墨客文人途经至此，总是要留客饮宴，尽地主之谊。其间作诗唱和，也因此留下众多送别的诗篇。本诗中诗人和友人临江对雪，恰值梅香幽幽，不禁遥想来年重聚时或已是仲秋。

【鸟兽】 鸳鸯

鸳鸯，别名官鸭、乌仁哈钦、匹鸟、邓木鸟，是雁形目鸭科鸳鸯属的一种水鸟。鸳指雄鸟，鸯指雌鸟。在中国东北繁殖，于华南地区越冬。

体长四十一至四十九厘米，翼展六十五至七十五厘米。雄鸟色彩极为艳丽，喙为少见的鲜红色，端部具亮黄色嘴甲。额部和头顶中央为带有金属光泽的翠绿色，枕部红铜色的羽毛和后颈暗绿暗紫色的羽毛都很长，形成一个很有特色的『头套』，上体深色，腰部和背部褐色并带有绿色的金属光泽，下体浅色。最具有特色的是最后一枚三级飞羽特化，形成面积很大、竖立于背部的帆状结构，为耀眼的橘红色，这是雄鸟的一个显著特征。雌鸟远不如雄鸟漂亮，通体颜色为暗哑的灰色，也不具有雄鸟所具有的『帆状三级飞羽』。

【草木】 百日青

百日青，又称竹叶松，罗汉松科，罗汉松属，常绿乔木。分布于我国长江以南地区和东南亚。散生于低海拔常绿阔叶林中。喜充足阳光，即使是夏天烈日照射也无害。百日青是罗汉松科中的孑遗植物，属活化石之一，世界上许多地方已经绝迹，对研究植物进化和物种之间关系等，有很高的价值。

高可达二十五米，胸径约五十厘米。树皮灰褐色，薄纤维质，成片状纵裂。枝条开展或斜展。叶螺旋状着生，披针形，厚革质，常微弯。雄球花穗状。种子卵圆形，顶端圆或钝，熟时肉质假种皮紫红色，种托肉质橙红色。花期五月，种子十至十一月成熟。

【风物】 商代豕形铜尊

商代豕形铜尊，青铜酒器，一九八一年在湘潭九华船形山出土。现藏于湖南博物院。

尊高四十厘米，长七十二厘米，呈野公猪形状。有盖，盖上捉手残缺，后根据残存情况复原成凤鸟形。双眼直视，獠牙外露，两耳竖立，四肢粗壮，尾下垂。肘部前后各有一圆形管孔，经过尊腹，直通另一肘部。此管应是先铸，然后安装于豕尊范中铸造的。此器重达三十多千克，容积有十三升，盛满之后，一个人难以搬运，有此管孔，可以穿系绳索，供人抬运。猪尊的装饰也有特点，器身大面积用鳞甲纹，前后肘部饰夔龙纹。

以野猪作为器物形制，在现有的商代青铜器中仅此一例。有的考古学者认为商周时期的象生动物具有表意的功能及象征的意味，艺术地表现了人们的原始宗教观念。

【民俗】 降香报赛

降香报赛是湖南民间阴历十月十五的传统习俗。《沅陵县志》中记载：『十月望日，农家祀五谷神，曰「降香」，亦古报赛之意也。』《兴宁县志》则说：『农务既毕，乡村延僧道设醮，锣钹喧野，或摊钱演戏，谓之「报赛」。』《零陵县志》有『十月以后，子弟多散学。其幼者以鞭榍木为戏，俗谓「打堆螺」，以物形似螺』的记载。《长沙县志》载有：『十月上旬，祭扫先墓。』《善化县志》也记载着『初十日并「冬至」多入宗祠，合族祀祖，于敬宗收族之道最为近古。自十月至腊月，多举行婚嫁及报赛神祇事』的内容。这些史料从不同侧面勾勒出降香报赛在湖南民间的流传与发展。

小雪
虹藏不见
虹藏不见。《礼记注》曰：“阴阳气交而为虹。”此时阴阳极乎辨，故虹伏，虹非有质，而曰“藏”，亦言其气之下伏耳。

第五十八候　虹藏不见

《礼记注》中说：『阴阳之气相交就会产生彩虹。』这个时节阴阳之气分离到了极点，所以彩虹就隐去不见了，彩虹没有实体，却说是藏，也是说它代表的气潜藏起来了。

江国逾千里，山城仅百层。
岸风翻夕浪，舟雪洒寒灯。
留滞才难尽，艰危气益增。
图南未可料，变化有鲲鹏。

泊岳阳城下　［唐］杜甫

本诗写于杜甫初下湖南寻亲之际，其间泊舟岳阳城外洞庭湖畔，近看城郭，遥望湖山，暮雪纷纷，孤舟寒灯。作者虽老病无依，却也对此次南下尚怀希望与期待。杜甫一生漂泊，年少时走马齐赵，放浪形骸；壮年时困居京华，仕途蹉跎；中年后罹乱关中，艰难为官；暮年时老病川湘，潦倒饥寒。纵然如此，面对河山胜状，垂暮之年的诗人依然发出了『艰危气益增』的豪言。

【虫鱼】麦穗鱼

麦穗鱼，鲤科，麦穗鱼属，杂食性鱼类。原产亚洲，几乎所有淡水水域都有它的踪迹，除青藏高原外，我国各省市均有分布。

体长约十厘米，稍侧扁。无须，唇薄。臀鳍无硬刺，分枝鳍条六根。背鳍无硬刺。侧线鳞三十四至三十八枚。体侧鳞片的后缘常具新月形黑斑。生殖时期雄鱼体色深黑，吻部、颊部出现珠星。雄鱼个体大，雌鱼个体小，差别明显。

生活于池塘、湖泊、沟渠中。杂食，主食浮游动物，也以枝角类、桡足类等为食。静水水域和水的透明度不高的水域麦穗鱼较多，而水流较急又深的水域较为少见。

【农时】 **辣椒** 采收 **晚稻** 晾晒

辣椒是多次开花、多次结果的蔬菜，及时采摘有利于提高辣椒产量。采收过迟，不利于植株将养分往上部果实输送，影响上部果实的膨大。但也不能采摘过早，否则果肉太薄，色泽不佳，影响产量和质量。作为鲜食的青椒，一般在开花后十五到二十天即可采收。但是前两层椒果要早摘，其他各层果实长到充分膨大、果实表面的皱褶减少或果皮色泽光洁发亮时采收，这样果实产量及品质都较好。采摘应在早、晚进行，中午因水分蒸发多，果柄不易脱落，采收时容易伤及植株。辣椒最忌在雨天采收。

晚稻至此已收割完毕，可以进行晾晒。晚稻的收获也标志着一年的稻作至此全部结束。

【美食】湘潭脑髓卷

脑髓卷是湖南著名的传统特色小吃。原料虽无脑髓，但形如脑髓，故名。脑髓卷色泽银白、晶莹油亮、油而不腻、软嫩咸蜜、入口消融。食用时，佐以小碗胡椒汤（为猪骨熬制，配以葱花、胡椒粉、油盐），香甜满口。

脑髓卷原是湘潭祥华斋面点店首创，晚清名流王壬秋，特别爱吃这种面食点心，他在湘潭编县志两年多，每天早餐，都是由祥华斋派人上门送卷子八个、椒汤一碗，王边吃边吟：『润如油、落口消、甜不腻、佐以椒、其乐无穷。』特地把『祥华卷』列入了《湘潭县志》巧匠名工中。

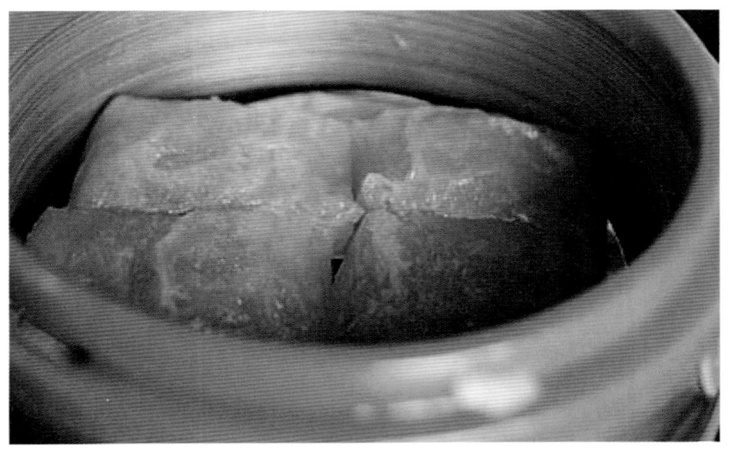

脑髓卷的原料为精面粉、肥猪肉、白糖、饴糖、精盐、纯碱等。每年冬季备料，将纯净的肥猪肉绞成肉泥，掺和白糖、精盐，入缸冻成肉酱，糖油入味，油脂晶亮，形似脑髓，即为脑髓油，随用随取，可至夏季『伏天』不变质。制作时，加饴糖、纯碱，和面，抹上脑髓油成型蒸熟即可。

【民俗】 赶墟场

湖南人所说的墟场，实际上就是集市。湖南各地农村集镇都有赶墟场的古老风俗。自明代以来，各地民间在水陆交汇处及城镇周围设置墟场进行商品交易。交易日期或『一、四、七』或『二、五、八』或『三、六、九』，各地依习俗而定，沿袭至今。墟场贸易活动十分活跃，交易类别众多，如粮食、布匹、日杂、各种工具等，是农村商品流通的一个重要渠道。嘉禾县塘村镇墟场、永兴县马田镇墟场、苏仙区良田镇墟场等，都曾是享誉整个湘南地区乃至全省的大墟场。为招徕顾客，墟场交易往往悬挂各具特色的幌子，充斥着各种叫卖声。幌子的式样、色彩丰富。制作材料或为纸、布、皮革、竹，或为木、铜、铁、锡等；形制或『文字幌』『形象幌』，或『实物幌』『象征幌』，如卖蛇药者挂蛇干、打铁铺挂铁器、烛坊悬挂大蜡烛。叫卖是商业宣传最原始的手段，如『五香茶叶蛋，猪油八宝饭』『子姜炒仔鸭，又香又好吃』；也兼有打击声作为常见的代声叫卖，如敲鼓、打梆、摇铃、打竹板、敲小锣等。

小雪
天气上升，
地气下降
天气上升，地气下降

第五十九候　天气上升，地气下降

上天代表的阳气上升，大地代表的阴气下降。

楚岸朔风疾，天寒鸧鹄呼。
涨沙霾草树，舞雪渡江湖。
吹帽时时落，维舟日日孤。
因声置驿外，为觅酒家垆。

缆船苦风戏题四韵奉简郑十三判官（泛）［唐］杜甫

杜甫一生嗜酒，虽不及李白『会须一饮三百杯』的豪放，三十岁前却也是纵酒欢歌、轻裘走马的逍遥子弟。晚年虽曾因肺病戒酒，但文人漂泊天涯，少不了美酒浇愁。湖南乃鱼米之乡，两千多年前楚国便有名酒『冰拔冷酒』。到唐代，名酒多以『春』命名，如松醪春就是当时长沙、湘潭一带一种用松膏酿制的酒。此外还有玉薤、武陵崔家酒、祁阳压酒等，数不胜数。诗中作者离舟登岸，寻觅酒垆，更多的是为驱赶南国冬日的寒湿和心中的凄凉。

【虫鱼】吻鮈

吻鮈，鲤科吻鮈属鱼类的统称。分布在长江中上游和东南各水系。

体细长，大者身长可达四十厘米、体重五百克。前段圆筒状，后部细长而略侧扁，腹部稍平。头尖，呈锥形，其长远大于体高。吻尖长，显著向前突出。口下位，呈马蹄形。唇厚，口角须粗而短。眼大。背鳍无硬刺，背部青灰色，腹部白色，背鳍和尾鳍灰黑色，其他各鳍灰白色。

栖息于江河浅水、底质为泥沙或砾石的河床里，湖泊中比较少见，属于底层生活的鱼类。主要以底栖的无脊椎动物为食，如摇蚊幼虫、水生昆虫等，也食少量藻类及其他沉积的有机物质。

个体不大，但分布比较广泛，常与相类似的鱼类生活在一起。

【草木】 大果安息香

大果安息香，杜鹃花目，安息香属，落叶乔木。极危种，主要分布于湖南宜章。

高六至九米，胸径达二十八厘米。冬芽圆锥形，树皮灰色，平滑或稍细条状开裂。叶互生，纸质，冬季脱落，生于小枝最下的两叶近对生而较小，嫩叶仅于叶脉上被星状柔毛，成长后两面均无毛。花白色，芳香，先叶开放。种子暗褐色，表面有不整齐的深皱纹。花期五至六月，果期九至十月。

生于海拔五百至八百五十米的山谷密林中。在湿润、排水良好、肥沃、富含腐殖质的中性至酸性土壤中生长良好。

【风物】 黑茶

黑茶是茶类中可以长期存放的品种，其生产全由手工操作。黑茶以质优取胜，制作标准严格，精益求精，要求选茶准、烘茶干、装茶满、踩茶紧，生产流程环环相扣，一丝不苟。我国黑茶以湖南安化千两茶、益阳茯砖茶和四川雅安南路边茶最为著名。这些黑茶都具有历史悠久、文化底蕴深厚、制作技艺水平高等特点。

湖南安化素有『中国茶乡』之称。唐代中期，这里出产的『渠江薄片』茶被列为贡品。宋代熙宁年间，安化置县时，当地的茶已『甲于诸州市』。明代万历年间，安化黑茶被定为官茶，销往西北和国外，民间因而有黑茶『无安化字号不买』之说。清代道光元年（一八二一），当地茶商为便于运输，将黑茶踩捆成小圆柱形，每支定为一百两；同治二年（一八六三）又增加为一千两，故有『安化千两茶』之名。

【民俗】 瑶族盘王节

盘王节是瑶族祭祀祖先盘瓠的重大节日，海内外的瑶胞都十分重视这一民族祀典。由湘桂粤三省区十余个县市共同发起，现已成为全国瑶族同胞最盛大的节日。每年的农历十月十六日，瑶族男女老少都要穿上自己民族的节日盛装，聚集在一起唱歌、跳舞，欢度盘王节。他们唱以《盘王歌》为主的乐神歌，每人手拿长约八十厘米的长鼓群舞，一般为双人或四人对舞。盘王节、《盘王歌》以及长鼓舞，都有着源远流长的历史文化底蕴。

小雪

闭塞而成冬

闭塞而成冬。天地变而各正其位，不交则不通，不通则闭塞，而时之所以为冬也。

第六十候　闭塞而成冬

这个季节天地之气变化，各自回到自己应有的位置，不互相交会也就不互相通达，不互相通达则阴阳之气就闭塞不通，这样的季节就是冬天。

北雪犯长沙，胡云冷万家。
随风且间叶，带雨不成花。
金错囊从罄，银壶酒易赊。
无人竭浮蚁，有待至昏鸦。

对雪　［唐］杜甫

湖南虽然地处长江干流以南，但境内真正全年几乎无雪的地方，只有郴州的一小部分。但湖湘的雪与北方的雪大有不同，往往雨雪交杂，触物即融，正因如此，湖南降雪的日子便更显湿寒，出生于北方而又贫病交加的大诗人杜甫对这种寒冷的感受也就更为深切。雪落长沙，家资空乏，银壶无酒，独对寒鸦，文人落魄莫过于此。

银星竹鼠

银星竹鼠，啮齿目，竹鼠属，小型食草动物。分布于亚洲东南部，中国国内主要分布于福建、江西、湖南、贵州、四川、广东、广西、云南等地。

中等大小，成体体长小于三十八厘米，适于地下生活。呈圆筒形，头部圆钝，眼小，吻大，耳朵极短，隐于毛丛中。尾较长，接近体长的一半。四肢短，趾端有利爪。体毛较粗糙，背侧和两侧的毛呈灰棕色，有许多较长的白色毛尖的针毛散生，伸出毛层并带闪光，腹部毛色较浅，尾无毛。

主要栖息在海拔一千米以下的成片竹林或竹类与其他植物共同组成的混交林、山谷芒草丛中。为夜行动物，除雨过天晴或夜晚外，基本在地下生活，白天躲藏在洞中休息，少动多睡，黄昏或夜间才出来活动，寻找食物。食谱较广，以竹子、草根、草秆、甘蔗、玉米等植物为主要食物。

【草木】苏铁

苏铁，别名铁树，又称避火蕉、凤尾蕉等，苏铁科，裸子植物。分布在我国南方，在日本和东南亚也有分布。

树干高约二米，最高可达八米以上，有明显的螺旋状排列的菱形叶柄残痕。羽状叶从茎的顶部生出，下层的向下弯，上层的斜上伸展。雄球花圆柱形。种子红褐色或橘红色，倒卵圆形或卵圆形。花期六到八月，种子十月成熟。

喜暖湿环境，不耐寒，生长甚慢，寿命约二百年。喜光，喜铁元素，稍耐半阴。喜肥沃湿润和微酸性的土壤，但也能耐干旱。在中国南方热带及亚热带南部，树龄十年以上的苏铁几乎每年开花结实，而长江流域及北方各地栽培的苏铁常终生不开花，或偶尔开花结实。

【风物】 浏阳菊花石雕

菊花石是指含有形如菊花的浅色矿物晶体的深色岩石。菊花石分布在中国湖南、广西、江苏、贵州等地的二叠系栖霞期地层里。菊花石质地坚硬，岩石主体为深色，里面有天然形成的浅色菊花形结晶体，看上去很像自然界的菊花。最有名的是湖南浏阳出产的菊花石。

浏阳菊花石雕经人工雕琢而成，是具有独特风味的工艺美术品。石雕艺人利用菊花石天然之形、纹和色，采用浮雕、圆雕、透雕和立体多层镂空雕等手法，精心雕琢出各种形象生动的艺术品，具有很高的审美价值。在一九一五年的巴拿马万国博览会上，著名工艺美术家戴清升的作品『映雪』花瓶和『梅兰竹菊』屏风参展并获得金奖，目前保存在联合国博物馆。

【民俗】 苗族医药

苗族医药，其源古远，疗效灵验，是中华医药宝库的重要组成部分。苗医对药物应用的原则，来源于生活的实践和几千年的用药经验，具有鲜明的民族特色。在用药上主张『立方简要』『一方一病』『对症下药』，以单验方治病为主。具体治法则分内治法和外治法，其外治法尤为丰富，并体现了浓郁的民族特色和治疗特点。如用于各种突发性急症时使用的放血疗法、刮治法、爆灯火疗法、生姜疗法等。佩戴疗法和熏蒸疗法、火针疗法、抹酒火疗法、烧药火疗法、纸媒筒疗法、外敷疗法、热熨疗法、刮脊抽腿疗法、拍击疗法、针挑疗法、外洗疗法、药针疗法、化水疗法等也是常用的治疗方法。苗医在理论上有『两病两纲』之说，即将一切疾病归纳为冷病、热病两大类，并遵循『冷病热治、热病冷治』原则。苗医通过望、听、嗅、问、摸、弹等方法探清病人的各种症状和体征，辨清冷、热二病，分辨所属病症，为治疗原则和具体治法提供重要依据。

大雪

鹖鴠不鸣

鹖鴠不鸣。《禽经》曰：『鹖，毅鸟也。似雉而大，有毛角，斗死方休，古人取为勇士冠名可知矣。』《汉书音义》亦然。《埤雅》云：『黄黑色，故名为鹖。』据此，本阳鸟，感六阴之极不鸣矣。若郭璞《方言》『似鸡，冬无毛，昼夜鸣，即寒号虫』，陈澔与方氏亦曰『求旦之鸟』，皆非也。夜既鸣，何为不鸣耶？《丹铅余录》作『雁』，亦恐不然。《淮南子》作『鳱鴠』，《诗》注作『渴旦』。

第六十一候　鹖鴠不鸣

《禽经》里说：『鹖，是一种勇毅的鸟。长得像野鸡但体型更大，长着毛和角，打斗的时候直到有一方死掉才停止，古人认为它是勇士，从起名就可以明白这点了。』《汉书音义》的解释也是这样。《埤雅》中说：『鹖的羽毛黄黑色，所以叫作鹖。』根据这点，可以说鹖本来是一种属于阳气的鸟，感受到阴气到了极点，所以不再鸣叫了。像郭璞在《方言》中说的『鹖长得像鸡，冬天没有羽毛，昼夜鸣叫，就是人们说的寒号虫』，陈澔和方氏也说『鹖是鸣叫着等待天亮的鸟』，这些说法都是不对的。既然夜晚会鸣叫，为什么却说鹖鴠不鸣呢？《丹铅余录》认为是『雁』，恐怕也是不对的。《淮南子》里写作『鳱鴠』，《诗》中注解成『渴旦』。

寒烟细，古寺清，近黄昏礼佛人静。
顺西风晚钟三四声，怎生教老僧禅定？

寿阳曲·烟寺晚钟　［元］马致远

马致远八景小令之一。曲中描绘的寒烟古寺、西风晚钟，与心有所感的老僧，勾勒出一幅凄凉又不失宁谧的秋季山寺晚景图。

【鸟兽】麻雀

麻雀，亦称家雀、树麻雀、瓦雀、琉麻雀等。雀科，麻雀属。体长约十四厘米。喙黑色，圆锥状；跗跖浅褐色。雌、雄鸟羽色近似。头和颈部栗褐色，背部稍浅，满缀黑色条纹。脸侧有一块黑斑，翼部有两条白色带状斑。尾呈小叉状。喉部黑色，下体灰白色。雄鸟肩羽为褐红色，雌鸟稍带橄榄褐色。分布极广，北自俄罗斯西伯利亚中部，南至印度尼西亚，东自日本，西至欧洲；在中国几乎遍布平原和丘陵地带。

麻雀多栖止于有人类经济活动的地方。平时主食谷类，冬时兼食杂草种子；繁殖季常捕食昆虫，并以之哺喂雏鸟。

《瓦雀栖枝图》［宋］佚名绘

【草木】 罗汉松

罗汉松，别名土杉，南洋杉目，罗汉松科，常绿针叶乔木。广泛分布于我国各地，日本也有分布。

高可达二十米，胸径可达六十厘米。树皮灰色或灰褐色，浅纵裂，成薄片状脱落。枝开展或斜展，较密。叶螺旋状着生，条状披针形，微弯。雄球花穗状、腋生，基部有数枚三角状苞片；雌球花单生叶腋，有梗，基部有少数苞片。种子卵圆形，先端圆，熟时肉质假种皮紫黑色，有白粉，种托肉质圆柱形，红色或紫红色。花期四至五月，种子八至九月成熟。

喜温暖湿润气候，生长适温为十五至二十八摄氏度。耐寒性弱，耐阴性强。喜排水良好、湿润的砂质壤土，对土壤适应性强，盐碱土上亦能生存。

松木材质细致均匀，易加工，可作家具、器具、文具及农具等用。植株可室内盆栽，亦可作花坛花卉。树形古雅，种子与种柄组合奇特，惹人喜爱，南方寺庙、宅院多有种植。神韵清雅挺拔，雄浑苍劲，气势傲人，有长寿、守财、吉祥寓意，是绝佳的庭院绿化树种。

【风物】凤凰扎染

凤凰扎染是我国民间工艺宝库中的瑰宝，具有很高的艺术品位和很强的民族文化个性，以其精、奇、巧、妙、美而闻名中外，受到人们的青睐。

凤凰扎染的特殊工艺，突出表现在手扎制作方面。用白色的线绳，在纯白光滑的布料上扎制好形象各异的花纹图案，如花草树木、飞鸟虫鱼等，置入蓝靛溶液里浸煮后，放在通风透光处晒干，然后解开打结的线绳，那一个个形象逼真的图案便呈现在你的眼前。最后再做些防止脱靛的技术性加工，整个工序便告完成。近年来，凤凰扎染工艺日益精湛。

【民俗】 风水树

湖南各地村寨的山民们，历史上十分笃信山脉的走向、水流的去势决定当地人的祸福。然而山川形势总会有缺陷，本着得水为佳、藏风为美的原则，当地人往往会修桥、建塔、造鼓楼、竖凉亭，以弥补风水不足，并需在屋前栽『垫脚林』，在屋后植『龙座林』，在两山的豁口处栽挡风林，以免好风水被吹散。风水树枯枝不许剔，败叶不许捡，只能让它腐烂成为自身的养料。要是谁砍伐了风水树，便会受到严厉处罚。如果风水树枯死了，还要请道士来做法事，俗称『打斋』。村寨附近的风水树多为枫树。枫树生长快，树干高大而坚韧，主干被伐也能再发新枝，生生不息。《楚辞·招魂》曰：『湛湛江水兮，上有枫。目极千里兮，伤春心。魂兮归来，哀江南！』这是说灵魂依附在『枫』上。《云笈七签》中记载：『（黄帝）杀蚩尤于黎山之丘，掷械于大荒之中，宋山之上。其械后化为枫木之林。』湘西南山里人大多为九黎后裔，苗族称枫树为『妈妈树』，是一切生命的母亲，故植枫树来敬奉。

大雪
虎始交
虎始交。虎，猛兽。故
《本草》曰“能避恶魅”，
今感微阳，气益甚也，故
相与而交。

第六十二候　虎始交

虎，是一种猛兽。所以《本草》里说『虎能驱赶恶鬼』，虎在这个时节感到微弱的阳气，气势更盛，所以雌虎、雄虎相会然后交合。

梅兮何等花，意似幽人作。
芳不待三熏，趾自专一壑。
屈原语醉醒，孺子歌清浊。
醉如糟可餔，清亦足可濯。

在伯沅陵俱和前诗复次韵五首（其二）［宋］赵蕃

赵蕃，字昌父，号章泉，南宋中期著名诗人。作品效法杜甫、黄庭坚一脉，在当时颇负盛名。青年时代曾任辰州司理参军，辰州即今湖南怀化。诗人在任上留下了一些描绘湖湘风物的佳作。本诗以咏梅起手，抒不群之志，继而引出《楚辞·渔父》中屈原与渔父问答的典故。诗中提到的梅花，是湖湘地区冬日重要的观赏花卉，现今仅长沙地区就有三十余个品种。

【鸟兽】 赤狐

赤狐，食肉目，狐属，杂食性犬科动物。华南亚种主要分布在长江流域及以南地区。

毛色因季节和地区不同而有较大差异，一般背面棕灰或棕红色，腹部白色或黄白色，尾尖白色，耳背面黑色或黑褐色，四肢外侧黑色条纹延伸至足面。雄性略大。

赤狐听觉、嗅觉发达，性狡猾，行动敏捷。喜欢单独活动。通常夜里出来活动，白天隐蔽在洞中睡觉，长长的尾巴有防潮、保暖的作用，但在荒僻的地方，有时白天也会出来寻找食物。它的腿脚虽然较短，爪子却很锐利，跑得也很快，追击猎物时速度可达每小时五十多千米，而且善于游泳和爬树。主要以旱獭及鼠类为食，也吃野禽、蛙、鱼、昆虫等，还吃各种野果和农作物。

【草木】竹柏

竹柏，别称椰树、罗汉柴、椤树等，南洋杉目，竹柏属，常绿乔木。分布于我国长江以南地区，日本也有分布。

高可达二十米，叶对生，革质，种子圆球形，花期三至四月，种子十月成熟。

竹柏抗寒性弱，性喜湿润但无积水的地带。属耐阴树种，在阴坡比阳坡生长快五到六倍，在阳光强烈的阳坡，根颈会发生日灼或枯死的现象，在林冠下天然更新良好。对土壤要求严格，在砂页岩、花岗岩、变质岩等母岩发育的深厚、疏松、湿润、腐殖质层厚、呈酸性的砂壤土及轻黏土较适宜，喜山地黄壤及棕色森林土壤，尤以砂质壤土生长迅速，在贫瘠的土壤上生长极为缓慢，石灰岩地不宜栽培，低洼积水地栽培亦生长不良。

【美食】 岳阳九益包面

包面，即是馄饨，也称云吞或者抄手，都是同一种食物在不同地域的流变。各地水土不同，人们口味各异，做出来的馄饨自然也各具特色。九益包面就带有浓厚的岳阳地方特色。

岳阳九益包面最初为刘美林、张小兰夫妇创制，声名远噪洞庭湖乡。刘美林，岳阳乌江人，一九三三年起独自经营包面挑担。抗战胜利后，刘美林夫妇在岳阳乾明寺一号门前搭一简陋棚屋，从事『坐担』经营，取『九益』担号。新中国成立后，刘美林夫妇租赁房子，由『坐担』变『坐店』，挂牌为『九益包面馆』，坚持『盈利虽少，必不减物力；制作虽繁，必不减工序；生意兴衰，必不轻顾客』的宗旨，生意日渐兴盛，就食者络绎不绝，九益包面也成为当地名吃。

九益包面的特点是汤鲜皮薄，用料精细，色、香、味俱佳。

【民俗】 安梅山

上峒梅山的山林狩猎活动在进山狩猎前要举行『安梅山』的原始巫术仪式。在堂屋左侧设梅山坛位，供有木雕倒立张五郎神像，贴有神榜。平日上香点灯，每月初一、十五祭茶、酒、肉，日常饮食要先敬梅山，出门回家都要吹三声竹哨。『安梅山』要用三块石头或三块瓦片架在猪、牛踏不到的僻静地方，或安在三岔路口的古树下，表示梅山神在此。狩猎行事时，先占十三卦，阳卦为吉卦，表示可以出门。祈神保佑不被猛兽吃、不被毒蛇咬、不坠岩河、脚不遭刺。猎人到了山上，如果发现野兽脚迹，要扯三根茅草挽个疙瘩，放到三岔路口，拿块小石压着，这叫『封山』。猎人进山后，随手折一根树枝，向这座山扫一下，向那座山扫一下，再绕自己所在的山头扫个圈，然后盘腿而坐，口念咒语，名为『下法』。传说可以使野兽迷路，无法逃走。猎获后要吹三声竹哨，用猎首和内脏祭梅山。

大雪

荔挺出

荔挺出。荔，《本草》谓之『蠡』，实即马薤也。郑康成、蔡邕、高诱皆云『马薤』，况《说文》云『荔似蒲而小，根可为刷』，与《本草》同。但陈澔注为『香草』，附和者即以为『零陵香』，殊不知零陵香自生于三月也。

第六十三候　荔挺出

荔，《本草》里称之为『蠡』，其实就是马薤。郑康成、蔡邕、高诱都说是『马薤』，况且《说文》也说『荔长得像香蒲但小一些，根可以做刷子』，这与《本草》的记载相同。但陈澔将荔解释成『香草』，赞同他的说法的人都认为是『零陵香』，他们竟不知道零陵香本来是在农历三月开始生长的。

千里潇湘挼蓝浦，兰桡昔日曾经。
月高风定露华清。
微波澄不动，冷浸一天星。

独倚危樯情悄悄，遥闻妃瑟泠泠。
新声含尽古今情。
曲终人不见，江上数峰青。

临江仙　［宋］秦观

秦观，字少游，一字太虚，别号邗沟居士，北宋婉约派词人，被尊为一代词宗。苏门四学士之一，因受苏轼牵累，晚年屡遭贬谪。这首词作于词人自郴州贬徙横州途中。词中对夜泊挼蓝浦，独自倚船桅的凄清心绪刻画犹深。下阕化用唐人钱起所作《湘灵鼓瑟》的诗句，足见人世凄凉，实乃古今一理。

【鸟兽】 山雀

山雀是雀形目山雀科各种类的统称。小型鸣禽。常见于平原、丘陵、盆地等，在山地林区数量尤多。山雀的羽毛大多以灰褐和棕灰色为主，它们的鸣声差异虽极显著，但多少都带有『仔仔黑』的音阶，易于分辨。多筑巢于树洞或房洞中，又几乎终日不停地在林间取食昆虫，且多为害虫，故成为农业、林业所欢迎的对象，国内外林区多用人工巢箱进行招引。

我国山雀的种类很多，大多数均为留鸟。其中最常见的有大山雀和沼泽山雀。

【草木】 柑橘

柑橘，芸香科，柑橘属，常绿小乔木或灌木。原产于我国淮河以南到岭南地区。

高约三米。小枝较细弱，无毛，通常有刺。叶长卵状披针形。花黄白色，单生或簇生叶腋。果扁球形，橙黄色或橙红色，果皮薄，易剥离。花期四至五月，果期十至十二月。

性喜温暖湿润气候。柑橘果树生长发育、开花结果与温度、日照、水分、土壤以及风、海拔、地形和坡向等环境条件紧密相关，这些条件影响最大的是温度。即使差半摄氏度的气温，也可能会出现截然不同的结果。柑橘生长发育要求十二至三十七摄氏度的温度。秋季花芽分化要求昼夜温度分别为二十摄氏度左右和十摄氏度左右，根系生长的土温与地上部分大致相同。过低的温度会使柑橘受冻，高温也不利于柑橘的生长发育。降水、温度对果实的品质影响也很明显。柑橘是耐阴性较强的树种，但要优质丰产，仍需好的日照。柑橘对土壤的适应范围较广，以质地疏松、结构良好、排水良好的土壤最为适宜。

【风物】土家族织锦

湘西酉水流域土家族织锦技艺主要分布于永顺、龙山、保靖、古丈四县的土家族聚居区。土家锦用棉线织成，俗称『打花』，主要有打花铺盖（土家语『西兰卡普』）和花带两大品种。其中打花铺盖最具代表性和典型性，它采用『通经断纬』的挖花技术，分为『对斜』平纹素色系列和『上下斜』斜纹彩色系列两大流派。西兰卡普使用古老的纯木质腰式斜织机织造，其技艺流程主要由纺捻线、染色、倒线、牵线、装筘、滚线、捡综、翻篙、捡花、捆杆上机、织布、挑织等十二道工序组成，另以『反织法』挑织成图案花纹。花带是土家锦中普及面更广的品种，它采用『通经通纬』的古老『经花』手法，几乎不需专用工具即可在织造者两膝间完成。

湘西土家族织锦技艺历史悠久，已有一千五百多年的历史，体现了中国少数民族织锦技艺体系的基本特征。

【民俗】 碟子料

碟子料是湖南茶俗的重要组成部分。民间习惯将茶食放在小碟子里待客，俗称『碟子料』。常将碟子摆放在一个特制的木盒里，俗称『桌盒』。桌盒有三种形状，六边形的放七碟，四方形的放九碟，长方形的放十二碟，十二碟为高档。桌盒多用红漆，鲜艳夺目，亦称红漆桌盒。待客时先将桌盒茶食摆在桌上，客人入席后，再上茶。旧时，民间在秋收后有做炒米的习惯：先将糯米用甑蒸熟，散开时在饭上倒些红绿水染色，冷却后阴干，俗称『阴米子』。一般人家蒸三四斗米不等，富裕人家则多达八九斗米。每在节日或做喜事之前，将阴米放在大锅里同河沙炒成米泡。待客时，在擂茶或甜酒茶上面，盖一层米泡，这就是伴茶的真正含意。它增加了擂茶和甜酒茶的品位，也表达了主家好客之意。此外，伴茶蒸鸡蛋也是一道别致的待客好菜。

冬至

蚯蚓结

蚯蚓结。六阴寒极之时，蚯蚓交相结而如绳也。

第六十四候　蚯蚓结

阴气最盛的时节，阳气已动，蚯蚓感阳气而回首向上，屈曲而结。

十年憔悴到秦京，谁料翻为岭外行。
伏波故道风烟在，翁仲遗墟草树平。
直以慵疏招物议，休将文字占时名。
今朝不用临河别，垂泪行行便濯缨。

衡阳与梦得分路赠别　［唐］柳宗元

柳宗元，字子厚，唐宋八大家之一。梦得即刘禹锡。柳宗元早年与刘禹锡同时进士及第，志趣相投，诗酒为友，肝胆相照。『永贞革新』失败后，二人分别被贬永州、朗州。十年后一同被诏回长安，却不料被贬至更远的柳州、连州。此诗正是写于二人贬谪路上于衡阳分别之际，自此一别，二人便未能再聚。诗中既有对朝纲昏乱的痛心，又含与挚友生别的凄凉。作者目睹眼前汉伏波将军马援南击交趾故道和塑像的荒颓之景，上忧社稷，下叹浮生，悲不尽言。

【鸟兽】 赤腹松鼠

赤腹松鼠，别名红腹松鼠，啮齿目，松鼠科。分布于我国长江以南地区、东南亚部分区域。

体细长，尾长小于体长。吻较短。体背自吻部至身体后部为橄榄黄灰色，体侧、四肢外侧及足背与背部同色。腹面灰白色。尾后端可见有黑黄相间环纹四至五个，尾端有长两厘米左右的黑色区域。

栖息于热带和亚热带森林。树栖，喜群居，善于在树间奔跑、跳跃，行动敏捷，也能下地觅食。早晨及下午到黄昏活动最为频繁。主要以果实和种子为食，也吃禾草、农作物和昆虫、鸟卵、雏鸟及蜥蜴等。坐着进食，以前足送食入口。此外，生活在民房附近的赤腹松鼠常入厨房偷窃食物。

【草木】 血皮槭

血皮槭，无患子目，槭属，落叶乔木。血皮槭是中国的特产树种，在中国海拔一千五百到两千米的疏林中广泛分布。

高可达二十米。叶纸质，卵形、椭圆形或长圆椭圆形。花淡黄色，花丝无毛，花药黄色。四月开花，九月结果。

血皮槭的树皮和叶子的颜色会随季节发生变化。夏季时，血皮槭树干的树皮自然卷曲，呈鳞片状斑驳脱落，出露的新树皮呈现出新鲜的肉红色或者桃红色，并逐渐加深，到了冬季则更为显眼。其树叶在春夏之时呈绿色，只有叶柄、叶脉、新枝呈红色，到了早秋，叶片开始变为红色或者黄色，整棵树木全体通红，颜色奇异，观赏价值极高。

血皮槭能在黏土、碱性土上生长，但不耐水湿和干旱，又性喜阳光，最适宜生长在阳光充足且有湿润、排水良好的土壤的地方。

【风物】商代象纹铜铙

商代象纹铜铙，一九五九年出土于湖南宁乡老粮仓师古寨山顶。通高七十厘米，铣间宽四十六点二厘米，重六十七点二五千克。颜色土褐，外形酷似两片合起来的瓦块。商代的打击乐器，使用时器柄向下，而发声的铙体则向上，演奏时敲击口部，敲击起来声音洪亮。

它虽然看似厚实笨重，制作却精细讲究。器物的上部两侧分别立着一只卷鼻小象，而左、中、右三边还装饰有六只虎、六条鱼和十一个乳钉。器身的粗犷厚重和纹饰的繁缛精美，兽面的抽象神秘和象纹的写实鲜活形成了鲜明的对比，给人留下深刻的印象。

【民俗】 冬至制腊

腊肉是中国腌肉的一种，主要流行于湖南、四川和广东一带。熏好的腊肉，表里一致，煮熟切成片，色泽鲜艳，黄里透红，吃起来味道醇香，肥不腻口，瘦不塞牙，不仅风味独特，而且具有开胃、祛寒、消食等功能。腊肉保持了色、香、味、形俱佳的特点，素有『一家煮肉百家香』的赞语。

湖南人喜食腊肉，旧时冬至开始杀年猪，除留部分鲜食外，大部分制成腊肉留着来年食用。其制作方法是：先将带皮猪肉或牛、鸡、鸭、鹅、鱼、兔肉等用盐或拌以五香、八角粉腌四五天，待晾干后，以锯木灰、谷壳、花生壳、橘皮、柚皮等烧烟熏烤，或挂在柴火灶上，让冷烟熏烤，称『冬腊肉』。其色泽鲜红，味道香美，可食至来年伏日不坏，是家人自食、待客的佳肴。湘西腊肉放在茶油或谷仓内可留至伏天，不发霉不走味。

冬至
麋角解
麋角解。说见鹿角解下。

第六十五候　麋角解

这一候的解说可以参见『鹿角解』一节。

屈亭湘浦，怨尽朝云还暮雨。
知是谁何，赋得清愁尔许多。
爱来慵去，此意平生成浪许。
著尽茸袍，想像江梅雪后娇。

减字木兰花·屈亭湘浦　［宋］赵彦端

赵彦端，字德庄，号介庵，南宋诗人。古时文人泛舟洞庭、汨罗，所作诗词多有凭吊屈原之意。众所周知，屈原是战国时期楚国诗人、政治家，少年时即博闻强识，志向远大。早年受怀王信任，任左徒、三闾大夫，兼管内政外交大事。提倡『美政』，主张对内举贤任能，修明法度，对外联齐抗秦。因遭贵族排挤诽谤，最终被流放沅湘流域。楚国郢都被秦军攻破后，自沉于汨罗江，以身殉国。屈原的忠贞之志，永为后世所景仰。

【鸟兽】矶鹬

矶鹬，鸻形目，鹬科，是一种在湖南常见的越冬候鸟。栖息于沿海滩涂和沙洲，也出现于海拔一千五百米的山地、稻田及溪流、河流两岸。行走时头不停地点动，并具两翼僵直滑翔的特殊姿势。

一般体长二十厘米，性格活跃，翼不及尾。上体褐色，飞羽近黑色；下体白色，胸侧具褐灰色斑块。飞行时翼上具白色横纹，翼下具黑色及白色横纹。虹膜褐色，喙深灰色，脚浅橄榄绿色。

【草木】 粗筒报春苣苔

粗筒报春苣苔，苦苣苔科，多年生草本植物。分布于湖南省。

根状茎圆柱形，长。叶全部基生，具柄，长圆形，有小齿，叶脉羽状。聚伞花序腋生，有时多少与叶柄愈合，少花或多花，或简化至单花。花冠紫色、蓝色或白色，花冠筒漏斗状、钟状或细筒状；花丝着生于花冠筒中部或上部，狭线形，常中部宽，向两端变狭，并常膝状弯曲；花药以整个腹面连着或仅顶端连着，两药室极叉开，在顶端汇合。退化雄蕊位于上方，小。花盘环状。雌蕊通常无柄，子房线形，一室，具侧膜胎座，稀二室，具中轴胎座，下室不育。柱头位于下方，不分裂或二裂。蒴果线形，室背开裂。种子小，椭圆形，光滑，常有纵纹。

【风物】 宝庆竹刻

湖南省邵阳市旧称宝庆府。明朝中期，宝庆竹刻、嘉定竹刻、金陵竹刻成为当时鼎盛的三大竹刻派系。宝庆竹刻是从实用竹器工艺中脱胎出来的一种集观赏、实用于一体的民间工艺。二〇〇六年，宝庆竹刻被列入第一批国家级非物质文化遗产名录。

明崇祯年间宝庆知府陶珙主持编撰的《宝庆府志》云：『宝庆府竹类楠竹即大竹，工匠织器为用……闻万历间云山中有好事者，就竹势之态，饰人物、山水、花鸟于上，或琢饰玲珑小器，供于茶肆或文房。』

现存最早的宝庆竹刻作品是明朝末年潘一龙的竹雕笔筒。明中晚期和清早期，宝庆竹刻的雕刻方法主要是『圆雕』和『透雕』。

清康熙年间，宝庆府艺人们发明了『翻簧』工艺和『翻簧』竹刻，带来了中国竹刻艺术的变革和创新。一九一五年，在『巴拿马太平洋万国博览会』上，翻簧竹刻荣获金质奖章。

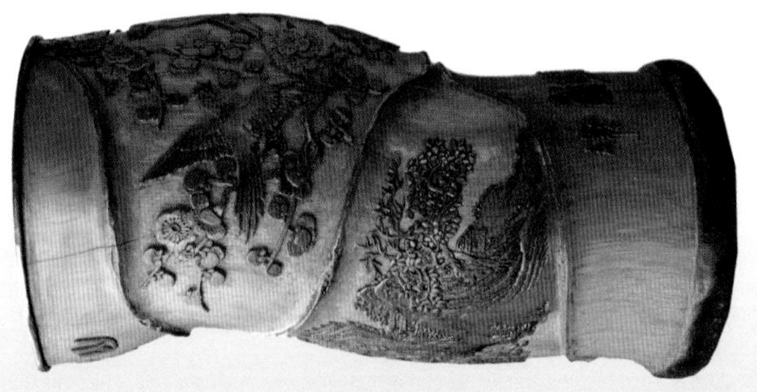

【民俗】 冬至食羊

冬至食羊肉的习俗自汉代已有之。中医理论认为，在冬季，人体的阳气潜藏于体内，所以身体容易出现手足冰冷、气血循环不良的情况，羊肉味甘而不腻，性温而不燥，具有补肾壮阳、暖中祛寒、温补气血、开胃健脾的功效，冬天吃羊肉，既能抵御风寒，又可滋补身体。

虽然湖南远离牧区，但是冬至食羊的传统由来已久。《兴宁县志》记载，虽然『（兴）宁素无羊肆』，但『至日必有一两家屠市者，饶裕家多买食以为滋助阳气』。这种现象在湖南各地都并不鲜见。

传统湘菜中也有很多羊肉菜，例如酸辣扣羊肉、附片蒸羊肉、焦酥羊肉、清汤羊首、红煨羊蹄花等，口味不同，风格各异，长久以来受到各方食客的喜爱。随着经济发展和社会进步，养殖畜牧、物流运输等都有了质的飞跃，因此羊肉菜也不再是文献中所说『饶裕家』的专享。现代湘菜中也涌现出不少新的羊肉菜，例如浏阳小炒黑山羊、原蒸火方羊方、明炉黑山羊、蒜子煨羊方、酸辣菊花羊肉等都是此中翘楚，为新湘菜的发展注入了新的活力和生机。

冬 至
水泉动
水泉动，水者，天一之阳所生，阳
生而动，今一阳初生，故云耳。

第六十六候　水泉动

水，是从《河图》中说的天一之象中诞生的，即『天一生水』，水也跟着动了起来，这个时节微弱的阳气刚刚诞生，所以才说『水泉动』。

潇湘有余怨，岂是圣人心。
行路猿啼古，祠宫梦草深。
素风传旧俗，异迹闭荒林。
巡狩去不返，烟云愁至今。
九嶷天一半，山尽海沉沉。

永州舜庙诗　［唐］无名氏

此诗作者和具体成诗年月已不可考。舜帝，『三皇五帝』之一，晚年禅位于大禹后乘车巡行天下。湖南境内关于舜帝南巡的故事很多，尤以九嶷山为最。仅湖南境内与此相关的地名就有上百处。相传君山是舜帝传授制茶技艺之处；常德的德山曾是他讲修身治国之道的地方；韶山因舜帝曾在此奏韶乐而得名；崀山得名是因为舜帝曾说此山为『山之良者』；而舜帝的陵寝九嶷山，则是因为当地群山耸立，『九峰相似，望而疑之』，难辨帝冢在何处。舜帝此行，可谓给湖南文化留下了深深的烙印。

【鸟兽】 八哥

八哥，别名有鹦鹆、寒皋、华华等，是椋鸟科八哥属的一种鸟类。

八哥原本分布于中国南部及中南半岛，是典型的东洋界鸟类。现在，在淮河以北的中国北方地区，八哥成为常见的留鸟。八哥生活在草原和山区的树林中，善于鸣叫，也会模仿其他鸟的叫声，经过训练，还能模仿人类说话。

八哥食性杂，植物性食物和动物性食物大致各占一半，它经常摄取的食物包括各种植物的种子、蔬菜茎叶等，以及田螺、蝼蛄、鞘翅目昆虫、蝗虫、地老虎等。繁殖季节为四至七月，大多于五月产卵，每巢四至六枚卵，卵的颜色为鲜艳的蓝色。在中国南方，每年繁殖两次。营巢多选在中国传统建筑的屋檐下或树洞中，有时也利用喜鹊或黑领椋鸟的弃巢。

【草木】 冷杉

冷杉，松科，冷杉属，常绿乔木。我国特有树种，分布于四川、湖南等省。

高可达四十米，胸径达一米。树干端直，枝条轮生。树皮灰色或深灰色，裂成不规则的薄片固着于树干上，内皮淡红色。有树脂。花期五月，球果十月成熟。

具有较强的耐阴性，适应温凉和寒冷的气候，土壤以山地棕壤、暗棕壤为主。常在高纬度地区至低纬度的亚高山至高山地带的阴坡、半阴坡及谷地形成纯林，或与性喜冷湿的云杉、落叶松、铁杉和某些松树及阔叶树组成针叶混交林或针阔混交林。

【美食】鸳鸯鲤

在我国，用鲤鱼制作菜肴已有两千多年历史。《史记》记载，春秋时期人们就把鲤鱼作为贵重礼品互相馈赠，民间更把鲤鱼作为诸鱼之首。鸳鸯鲤是湖南传统名菜，选用湘江鲤鱼，寄寓鸳鸯成双成对、片刻不离之意。成品明汁亮芡，头尾相连，一边红色，一边白色，红者酸甜，白者咸辣，口感外焦里嫩，诱人食欲。

主料为鲜活湘江鲤鱼。辅料有小麦面粉、香菇、青豆、鸡蛋、火腿、淀粉、玉兰片等。

制作时先将鲤鱼去鳞、鳃、内脏，片鱼尾，切脊背，剔脊骨，成为头部相连，身、尾分开的两片，用黄酒和盐腌制待用。将水发玉兰片、香菇、火腿分别切丁。把鸡蛋搅发，加干淀粉、面粉、清水拌匀，涂抹鱼皮鱼肉。把熟猪油烧至八成热将鱼下锅，炸至外表淡黄，里面熟透。将两片鱼腹朝上摆入盘中似两条鱼。把玉兰片、姜末、香菇、盐炒香，放青豆、火腿、味精、葱段烧开，勾白芡汁，浇在一片鱼腹上。下番茄酱、白糖、葱段烧开，勾红芡汁，浇在另一片鱼腹上。最后浇上芝麻油，将香菜洗净拼放在两条鱼腹中间即成。

【民俗】 封山饭

封山育林自古就是先民保护山林、泽被子孙的一件大事。旧时，靖州一带封山时，山民先在入山路口最显眼的树枝上扎一些稻草做『封山标』，然后手提铜锣在村子里一路敲一路喊：『锣敲三响，大家听着！××山坳，已栽杉苗。严禁放牧牛羊，不许砍柴割草。要是撞见，罚钱三吊！』在山林，只要敲了封山锣，大家就自觉遵守，因为人人都爱树，谁要是破坏山林，便会激起公愤。禁约于封禁之日在祠堂、庙宇或当众公布。禁约宣布后，当场杀猪示众，往往会就此办一餐宴席，请寨上的人来吃，叫作『吃封山饭』。并在山界林木上绑上稻草，以示此山封禁。违禁处罚严厉，一般罚钱，严重的会召集全村或全族的人，宰杀违禁者家的生猪，集体聚餐，并重订禁约。人们还将集体制订的乡规民约刻在石碑上来警示众人。新晃的步头降乡腿溪村至今仍保存着一块完整的封山育林禁碑，碑文强调保护的是经济林桐树和茶油树，并列出一系列处罚程序和处罚措施。由此可见，湖南民间对封山育林的重视古已有之，绝非儿戏。

小寒

雁北乡

雁北乡。乡，向导之义。二阳之候，雁将避热而回，今则乡北飞之，至立春后皆归矣，禽鸟得气之先故也。

第六十七候　雁北乡

『乡』字，是面对、朝向的意思。在阳气逐渐上升的时节，大雁为了躲避南方即将到来的高温于是回归北方，现在这个时间就开始向北飞去，到立春后就都回到北方了。这是因为鸟类比其他生物能更早地感受到阳气的变化。

一雁雪上飞，值我衡阳道。
口衔离别字，远寄当归草。
目想春来迟，心惊寒去早。
忆乡乘羽翮，慕侣盈怀抱。
零落答故人，将随江树老。

代书寄吉十一　［唐］张说

诗人张说在创作上，仰慕建安风骨、魏晋风流，常常效法古乐府的风格，本诗亦是如此。雪雁传书，轻寒早退，诗人虽心念故乡，却只得身困他乡。『零落答故人，将随江树老』，岳阳城下，洞庭湖畔，湘水南来，归心北望，可以说诗人羁留岳阳的岁月，的确进一步使他参悟了乐府古韵的真谛。

【鸟兽】 琵嘴鸭

琵嘴鸭，雁形目，鸭科，中型鸭类。广泛分布于整个北半球，在我国的繁殖地位于东北和西北，越冬地在长江以南地区。

个体比绿头鸭稍小，体长四十三至五十一厘米，体重零点五千克左右。头至上颈暗绿色而具光泽，背黑色，背的两边以及外侧肩羽和胸白色，且连成一体，翼镜金属绿色，腹和两胁栗色，脚橙红色，嘴黑色，大而扁平，先端扩大成铲状，形态极为特别。

通常栖息于淡水湖畔，亦成群活动于江河、湖泊、水库、海湾和沿海滩涂盐场等水域。鸭脚趾间有蹼，但很少潜水，游泳时尾露出水面，善于在水中觅食、戏水和求偶交配。喜欢干净，常在水中和陆地上梳理羽毛，精心打扮，睡觉或休息时互相照看。以植物为主食，也吃无脊椎动物和甲壳动物。

【农时】油菜花　缓长

油菜花在年底前后进入缓长期。因为气温较低，此时节油菜花易出现冻害。因此及时清理摘除冻死蕾薹，科学看苗追肥就是这一阶段的重点。油菜进入冬季后，植株地上部分生长发育减缓，但根系生长仍较旺盛，特别是叶片受冻和蕾薹受冻的油菜，其腋芽对养分的需求较为旺盛。因此，对受冻害的田块要抢墒适量追施速效肥料，促使其尽快恢复生长。对已表现脱肥的田块，也应抓紧时间追施肥料。冬季施肥是为了确保春季的长势，给油菜苗施肥是为了将来抽薹期长得更好。对冻死的蕾薹要抓紧选择晴天摘除，以免造成死株。

【美食】 辣煎湘西腊肉

湖南菜的两大特色是辣和腊。作为湖南菜中的特色菜，湘西菜就有很多腊味食品的烹调方法，其中辣煎湘西腊肉便是重要代表。这道菜色泽油亮，香醇浓厚，层次分明，腊味十足，是当地家常菜中颇受欢迎的一种。

主料为湘西腊肉。调配料有蒜片、葱、花雕酒、白糖、茶油、干椒段、鸡粉、麻油等。

制作时先将腊肉皮用火烙至焦黄后清洗干净，撒白糖上笼蒸至七成烂，取出改切为大片。在锅内放茶油，烧热后下入腊肉，煎至两面金黄吐油，留油少许下入蒜片、干椒段，倒入花雕酒，放入鸡粉，翻炒两下，淋麻油、撒葱花出锅即成。

【民俗】 腊八节

腊八这一天湖南有吃腊八粥的习俗，芷江等地『十二月八日，以糯米酿酒，谓之「腊八酒」。各寺亦以是日「浴佛」、煮粥，谓之「腊八粥」』。腊八粥也叫七宝五味粥。湖南各地腊八粥的花样，争奇竞巧，品种繁多。掺在白米中的物品较多，如红枣、莲子、核桃、栗子、杏仁、松仁、桂圆、榛子、葡萄、白果、菱角、青丝、玫瑰、红豆、花生等，总计不下二十种。人们在腊月初七的晚上就开始忙碌起来，洗米、泡果、剥皮、去核、精拣，然后在半夜时分开始煮，再用微火炖，一直炖到第二天的清晨，腊八粥才算熬好。腊八粥熬好之后，要先敬神祭祖，之后要赠送亲友。湖南传统习俗认为一定要在中午之前送出去。最后才是全家人食用。如果腊八粥吃了几天还有剩下来的，却是好兆头，取其年年有余的意义。如果把粥送给穷苦的人吃，那更是为自己积德。腊八粥在民间还有巫术的作用。假如院子里种着花卉和果树，也要在枝干上涂抹一些腊八粥，俗信来年多结果实。

小寒

鹊始巢

鹊始巢。喜鹊也，鹊巢之门每向太岁，冬至天元之始，至后二阳已得来年之节气，鹊遂可为巢，知所向也。

第六十八候　鹊始巢

鹊说的是喜鹊，喜鹊巢的开口常常朝向木星，冬至是岁时运行的起始，之后两个季候阳气继续升腾，已经可以得知第二年的节气，喜鹊于是就可以筑巢了，这是因为喜鹊已经知道筑巢该朝向什么方向了。

江上篱边见早梅，天寒地暖数枝开。
为怜北客漂流远，偷报东君信息回。
香气轻于新酿熟，襟怀重似故人来。
舟中莫问无兼有，急急呼儿贳酒杯。

舟行湘岸见早梅盛开　［宋］张舜民

张舜民，北宋文学家、画家。字芸叟，自号浮休居士，又号矴斋。梅树原产中国南方，在我国已有三千多年的栽培历史，是『花中四君子』之首，又与松、竹并称『岁寒三友』。古人认为梅凌霜傲雪，卓尔不群，是君子行操的楷模。湖南地区的梅花花期虽因纬度、海拔不同而各异，最早腊月开放，最晚三到四月才凋谢。本诗中作者正是在岁末之时舟行湘江，才得遇江梅早发之景。

【鸟兽】 红嘴蓝鹊

红嘴蓝鹊，雀形目，鸦科，大型鸦类。我国南部、印度东北部及中南半岛均有分布。

体长五十四至六十五厘米。体态美丽，雌雄鸟体表羽色近似。体背蓝紫色，尾羽颀长，尤以中央两枚最为突出，尾端白色，配上红嘴、红脚，雍容华贵，又有长尾山鹊之称。

主要栖息于山区常绿阔叶林、针叶林、针阔混交林和次生林等各种不同类型的森林中，也见于竹林、林缘疏林，以及村旁、地边树上。从山脚平原、低山丘陵到三千五百米左右的高原山地均可栖息。性喧闹，喜小群活动。能发出多种不同的嘈吵叫声和哨声。杂食性，既吃各种小型无脊椎动物和脊椎动物，也吃各种树木的果实与种子，偶尔吃小麦、玉米等农作物。有时还会凶悍地侵入其他鸟类的巢内，攻击残食幼雏和鸟卵。

【风物】 战国人物御龙帛画

战国人物御龙帛画是战国中晚期的绢本水墨淡设色画作，一九七三年出土于长沙子弹库楚墓一号墓穴，出土时平放在椁盖板与外棺之间的隔板上，现收藏于湖南博物院。

画中描绘墓主人乘龙升天的情景。此幅非衣帛画，上端有竹轴，轴上有丝绳，可以垂直悬挂，应是战国时期楚国墓葬中用于引魂升天的铭旌，属于非衣性质的战国晚期帛画。画面正中描绘一高冠博带的男子，侧身直立，腰佩长剑，手执缰绳，驾驭着一条巨龙。龙头高昂，龙尾翘起，身平伏，略呈舟形。在龙尾上部站着一只鹭（鹤），圆目长喙，顶有翰毛，仰首向天，神态十分潇洒。画的上方为舆盖，三条飘带随风拂动；左下角为一鲤鱼。画幅中舆盖飘带、人物衣着和龙颈所系的缰绳，都是由左向右拂动，表现了风向的一致。

该帛画是中国早期肖像画的杰出代表，其出土为今人了解和研究传统绘画在先秦时期的发展面貌，提供了极为重要的历史资料。

【美食】

剁椒

剁椒又名剁辣子、坛子辣椒，是以红辣椒、食盐等为原料制成的一种可以直接食用的辣椒制品，味辣而鲜咸，口感偏重。剁辣椒是湖南的特色食品，可出坛即食，也可当作佐料做菜。

材料为新鲜红辣椒、大蒜、姜、高度白酒、盐等。

具体做法是：将新鲜红辣椒洗净，再晾干水分；将辣椒去蒂切碎，用刀将切碎的辣椒剁成末（可根据个人喜好选择大末或小末），装入干净盆内；将大蒜和姜剁成末倒入剁好的辣椒中，加入适量盐、白酒搅拌均匀，装入坛内即可。

【民俗】 北乡茴香茶

浏阳北乡人爱吃茴香茶，即在茶中加川芎和小茴香。相传古时候有一个老妇人，平日里时常恶心呕吐，小腹冷痛，久治不愈。有一天，她无意中把小茴香洒落到茶水中，饮用之后，觉得异香扑鼻，别有一番风味，渐渐成为嗜好，多年顽疾也不治而愈。邻里得知，竞相效仿，遂相沿成习。

北乡茴香茶与他处不同，鲜叶采回后，在开水锅中汆一下，然后在篾盘中晾去水汽，经两三道揉搓，挤去茶汁，再上灶炒、焙。因此，北乡茴香茶茶味很淡，茶杯中都不易生茶垢，适合北乡人喜长时间大量喝茶的习惯。外地人初到浏阳北乡，喝不惯这种香高味淡的茴香茶，也容易上火；当地人则饮之成习，认为它有祛风寒、止痛、健胃的功效。若是遇过年过节，红白喜事，或贵客临门，好客的北乡人还会摆上自制的炒花生、豆子、瓜子、红薯片等茶点，当地人称『土换茶』，并一碗接一碗地不断敬茶和招呼客人『呷点土换茶啰，呷点土换茶啰』，使客人心里暖洋洋的。

小寒
雉雊
雉雊。雉，文明之禽，阳鸟也；雊，雌雄之同鸣也，感于阳而后有声。

第六十九候　雉雊

雉，是花纹光彩明艳的鸟类，属于阳气类的鸟；雊的意思，是雄鸟雌鸟一起鸣叫，这是有感于阳气然后才一起发声鸣叫。

晓色凝暾，霜痕犹浅，九天春意将回。隔年花信，先已到江梅。沉水烟浓如雾，金波满、红袖双垂。仙翁醉，问春何处，春在玉东西。

瑶台。人不老，还从东壁，来步天墀。且细看八砖，花影迟迟。会见朱颜绿鬓，家长近、咫尺天威。君知否，天教雨露，常满岁寒枝。

潇湘夜雨·晓色凝暾　［宋］周紫芝

周紫芝，字少隐，号竹坡居士，宋代文学家。湖湘冬景，在大部分文人笔下，主调多为凄寒哀怨之类。这首词是少有的写冬末晴暖的作品。轻寒欲散，晨光熹微，霜消冰释，春意将回。尤其下阕结尾处的『天教雨露，常满岁寒枝』更是充满了对寒冬即将过去的乐观与从容。

【虫鱼】 洞庭湖银鱼

洞庭湖银鱼，俗称面条鱼，辐鳍鱼纲，银鱼科，小型肉食性鱼类。分布在洞庭湖水域。

成鱼身长六至九厘米，身体细长、半透明，裸露无鳞；呈圆柱形，尾部稍侧偏，鱼头扁平，吻尖短，眼大。漫游水中似银梭织锦，快似银箭离弦。银鱼若是被捕获捞出水面，会很快变成白色，如玉似雪。

生活于水体中下层，除缺氧外，极少发现在上层活动，往往钻入水草丛中。幼鱼有较强的趋光性，成鱼无此特性。幼鱼出膜后十日开食，饵料为轮虫；以后逐步选择较大易得的浮游动物为食，顺序为无节幼体、桡足幼体、枝角类和桡足类成体。成鱼以小型鱼虾为主食。十二月下旬到一月下旬为产卵高峰期。

银鱼自古以来便是重要的水产资源。据传，屈原投汨罗江，百姓闻之，投粽子于水中，米粒便化成银鱼，顺流而下，栖居于洞庭湖中。这虽属传说，但洞庭湖地区自先秦开始便已非常重视银鱼的捕捞。明代时与鲈鱼、鲤鱼、鲥鱼，并称四大名鱼。银鱼除食用外也可入药，味甘，性平，补虚、健胃、益肺、利水。主治脾胃虚弱、肺虚咳嗽等疾患。

【草木】 中华双扇蕨

中华双扇蕨，里白目，双扇蕨属，多年生草本植物。分布于中国湖南、云南、西藏、贵州和广西等地，东南亚亦有分布。

植株高六十至一百三十厘米。根状茎长而横走，木质，被钻状黑色披针形鳞片。叶远生，灰棕色或淡禾秆色。叶片纸质，下面沿主脉疏生灰棕色有节的硬毛，中部分裂成两部分相等的扇形，边缘有粗锯齿。孢子囊群小，近圆形。

常生于疏林下或灌丛草地中。出现在大约两亿年前，比恐龙还要早，有『活化石』之称。

【美食】 冰糖湘莲

冰糖湘莲是湖南甜菜中的名肴。西汉初年，湘人始用白莲向汉高祖刘邦进贡，故湘莲又称贡莲。在发掘湖南长沙马王堆墓时，发现了供食用的莲子。金代诗人张楫品尝『心青犹带小荷香』的新白莲后，曾发出『口腹累人良可笑，此身便欲老江乡』的感叹。此菜在明清以前，就比较盛行，最早称『粮莲心』，不过当时制作较简单，近代才开始用冰糖制作，故称『冰糖湘莲』。

主料为莲子。辅料有冰糖、青豆、桂圆、枸杞、银耳、水等。

制作时先把莲子洗净，用水浸泡十分钟。将银耳洗净，泡发备用。将青豆洗净，放到热水中煮八分钟。把莲子、银耳放到锅中，加水煮软，然后盛到碗中，上锅蒸至软烂。将桂圆肉、枸杞用温水洗净，泡五分钟滗去水。把炒锅置中火，放入清水，再放入冰糖烧沸，待冰糖完全溶解，端锅离火。用筛子滤去糖渣，再将冰糖水倒回锅内，放入桂圆肉和枸杞，再放入青豆，用大火煮开。将蒸熟的莲子滗去水，盛入大汤碗内，再将煮开的冰糖及配料一起倒入汤碗，莲子浮在上面即成。

【民俗】 献猎神

过去武陵山脉的苗族猎手大都信奉猎神。传说猎神能有意使不敬神的猎手眼神恍惚，把人看成野兽，造成重大伤亡事故。因此猎手非常重视『献猎神』。『献猎神』一般在农闲或要出猎前举行，只有猎头和少数猎手才能参与。仪式前，猎头用泥巴塑造熊、野猪、马鹿等兽像，同时安排一猎手去偷邻居家的一只公鸡，偷鸡到手后只能往前走不能往后看，鸡的主人听到鸡叫后大骂，骂得越凶越灵验。参与者把泥像摆放在猎树周围，火枪、弩箭等猎具置于泥兽像外圈。仪式开始，全体猎手下跪，双手合揖，静听猎头祈祷。猎头三磕头后用线牵着公鸡边走边念，围着猎树顺时针方向走三圈再倒走三圈，祈求猎神保佑此次狩猎大吉大利，上山顺利、下河平安，空手出门、抱财归家。念毕杀鸡，鸡血要围着猎树滴在摆设的猎具上，血溅得越多，表示猎具的杀伤力越大，其主人的运气就更好。击中猎物的猎手享受双倍的猎物，其他人『见者有份』。按照规矩，打猎结束后一定要送一份猎物给被盗鸡人家，以示赔礼道歉。猎物的头、蹄留给猎头去祭祀猎神，报答猎神的保佑。

大寒

鸡乳

鸡乳，育也，马氏曰：『鸡，木畜，丽于阳而有形，故乳在立春节也。』

第七十候　鸡乳

乳的意思是繁育，马氏说：『鸡在五行中是属木象的，依托于阳气才能得到形体，所以在立春节气前后开始繁殖。』

天将暮，雪乱舞，半梅花半飘柳絮。
江上晚来堪画处，钓鱼人一蓑归去。

寿阳曲·江天暮雪　［元］马致远

《寿阳曲·江天暮雪》是马致远描写潇湘八景中冬季之景的作品。天色渐晚，大雪茫茫，纷飞翻卷，江天一色难以辨识，唯有钓鱼人孤独的背影还隐约可见。『半梅花半飘柳絮』把纷飞的雪花比作盛开的梅花和飘飞的柳絮，使这场六七百年前傍晚时的大雪如在读者眼前。作者在曲中倾诉了自己孤寂凄凉的心境，暗含了归隐的意愿。

【鸟兽】凤头麦鸡

凤头麦鸡，鸻科，麦鸡属，中型涉禽。广泛分布于北半球。

体长二十九至三十四厘米。头顶具细长而稍向前弯的黑色冠羽，像突出于头顶的角，甚为醒目。鼻孔线形，位于鼻沟里。鼻沟的长度超过嘴长的一半。翅形圆。跗跖修长，胫下部亦裸出。中趾最长，趾间具蹼或不具蹼，后趾形小或退化。翅形尖长，尾形短圆。

栖息地通常在湿地、水塘、水渠、沼泽等，有时也远离水域，如农田、旱草地和高原地区。主要食物为昆虫，也吃一些其他小型无脊椎动物和嫩叶、草籽等。在南方为冬候鸟。常成群活动，特别是冬季，常集成数十至数百只的大群。善飞行，常在空中上下翻飞，飞行速度较慢，两翅迟缓地扇动，飞行高度亦不高。

【草木】梅

梅，蔷薇科，落叶乔木。原产于中国南方，已有三千多年的栽培历史。高四至十米。树皮浅灰色或带绿色，平滑。叶片卵形或椭圆形，灰绿色。花单生或有时两朵同生，香味浓，先于叶开放。花萼通常红褐色。花瓣倒卵形，白色至粉红色。果实近球形，黄色或绿白色，被柔毛，味酸。花期冬春季，果期五至六月。

作为观赏树木或果树均有许多品种。一些品种不但露地栽培供观赏，还可以栽为盆花，制作梅桩。鲜花可提取香精，花、叶、根和种仁均可入药。果实可食，盐渍或干制，或熏制成乌梅入药，有止咳、止泻、生津、止渴之效。能抗根线虫危害，可作核果类果树的砧木。

梅花是中国十大名花之首，与兰花、竹子、菊花一起列为『四君子』，与松、竹并称为『岁寒三友』。传统上认为，隆冬严寒，梅开百花之先，独天下而春，以其高洁、坚强、谦虚的品格，给人以立志奋发的激励，是君子的楷模。

【美食】东安仔鸡

东安仔鸡又叫东安鸡、宫保鸡，是一道地方传统名菜，属于湘菜系。因用东安县的新母鸡烹制而成，故名。东安县位于湖南西南部，湘江东源自广西兴安县流入东安境内。此外，东安境内还有紫水河、石期河、芦洪江等河流。当地降水充沛，热量丰富，光照充分，四季分明。东安属丘陵地貌，地势西北高、东南低；土地格局为七山半水两分田、半分道路和庄园。在这种独特的地理条件下，当地农民天然喂养的土鸡腿小、胸大而肥，细嫩鲜美。

东安仔鸡成菜呈红白绿黄四色，鸡肉肥嫩，味道酸辣鲜香。相传在唐代开元年间，东安人开始烹制『醋鸡』。清末民初时，此菜被引入长沙，经湘军将领席宝田、民国将领唐生智等官宦食客的宣扬，逐渐成为酒宴名肴，湖湘各地菜馆纷纷效法烹制。此菜品后来逐渐流传到美洲、欧洲等地，一定程度上使湘菜赢得了世界声誉，成为湘菜的当家菜目之一。

【民俗】 小年

民俗以腊月二十三或二十四为小年，湖南各地小年的过法不尽相同。

在怀化，小年跟北方大部分地区一样，定在了农历腊月二十三。小年传统的『祭灶』活动，怀化人俗称『送灶灶』。传说灶君是玉皇大帝专门来监督百姓行动的，每年农历腊月二十三日那天，灶君要向玉皇大帝汇报民间善恶。因此，这天人们要敬奉糍粑、糖果，上檀香，焚拜灶君，送他上天，希望灶君在玉帝面前惩恶扬善。灶君走后，人们就在灶前贴上灶君的神像，从此便不许小孩在灶前随便捣乱，以示对灶神的尊敬，春节就由此开始了。

长沙人过年须过大半个月，即从第一年腊月二十四过小年起到第二年正月十五闹元宵为止。除祭灶神外，人们还要搞大扫除，叫『扫扬尘』。

大寒

征鸟厉疾

征鸟厉疾。征，伐也；杀伐之鸟，乃鹰隼之属，至此而猛厉迅疾也。

第七十一候　征鸟厉疾

征，是杀伐的意思；杀伐的鸟，也就是鹰隼之类到这个时节，鹰隼就会变得凶猛迅捷。

湘天风雨破寒初，深沉庭院虚。
丽谯吹罢《小单于》，迢迢清夜徂。
乡梦断，旅魂孤。峥嵘岁又除。
衡阳犹有雁传书，郴阳和雁无。

阮郎归·湘天风雨破寒初　［宋］秦观

湖南地处长江以南，冬季虽有降雪，但更多的时候是雨雪交杂。南部的郴州甚至有的平原区域终年无雪。作者写作这首词时，正是谪居郴州之时。天际的风雨撕破了冬日的寒冷，但却无法带给词人解除寂寞乡愁的希望。末句『郴阳和雁无』更是道尽了自己身遭远戍、苦守天南的无奈与辛酸，堪称秦观《淮海集》中哀婉凄凉之最。

【鸟兽】 普通鳾

普通鳾，又名森林鳾、欧亚鳾等，在中国部分地区亦俗称蓝大胆、穿树皮、松枝儿、贴树皮，是广泛分布于欧洲及亚洲等地的小型雀鸟，也是鳾科鸟类中最常见且分布最广泛者。

体长约十三厘米，体重十九至二十四克，体型似山雀。身体的背面为石板蓝色，具有一条明显的黑色贯眼纹沿头侧伸向颈侧，翅的飞羽为黑色。中央一对尾羽为蓝灰色，其余为黑色。颏喉、颈侧和胸部为白色，腹部两侧栗色，下腹土黄褐色。尖长的鸟喙蓝灰色。眼睛黑色。双腿橙棕色，长爪尖黑色。雌雄同色，雄性个体略大。

栖息于山地森林中，多活动于树冠层。脚强，能贴着树干自由攀缘，有时以头朝下的姿态在树干爬行。单独或成对活动。嘴直而强，能凿穿树皮，啄食树皮内的昆虫，也爱吃松子。营巢于树洞中，并以泥土抹于洞口。

【草木】 长瓣短柱茶

长瓣短柱茶，杜鹃花目，山茶科，常绿灌木或小乔木。分布于中国湖南、湖北、福建、四川巫溪、江西黎川及广西北部。

嫩枝较纤细，有短柔毛。叶片革质，长圆形，先端渐尖或尾状渐尖，基部阔楔形或略圆，上面干后橄榄绿色，有光泽，无毛，或中脉基部有短毛，下面同色，中脉有稀疏长毛。花顶生，白色，花梗极短。苞被片半圆形至近圆形，革质，无毛，花开后脱落。花瓣倒卵形，先端凹入。花药基部着生。子房有黄色长粗毛。蒴果球形。花期一至三月。

生长区夏季炎热多雨，冬季较寒冷，年均温十六至十九摄氏度，年降水量一千二百至一千六百毫米，雨季集中在五至八月。土壤为红壤或黄壤。在阳光较充足、土壤肥沃疏松的地方生长良好。

种子是很好的油料，可作食用和工业用油。花大而洁白，可作观赏植物。

【风物】 皮影戏

皮影戏，旧称『灯戏』『影子戏』『灯影戏』，在湖南长沙、衡阳、益阳、常德、湘潭等地较为流行。皮影戏有『南影』和『北影』之分，湖南皮影戏属『南影』分支。辛亥革命后，全国皮影戏衰落，但湖南仍然盛行，并从农村进入城市。在传承传统的基础上，湖南皮影戏艺术在造型、布景、灯光、音响效果方面不断改进，以创作音乐逐步替代戏曲音乐，开拓了动物戏皮影戏的表现领域，创作出了以《龟与鹤》《两朋友》《采蘑菇》《狐狸与乌鸦》《三只老鼠》《梁红王》等为代表的优秀剧目，在国内外享有盛誉。

【民俗】 关财门、开财门

春节期间，普通人家对美好生活的追求，一是希望能够拥有浓浓的亲情，二是希望能够招财进宝，拥有丰厚物质生活的保障或享受。直到今天，部分长沙市井人家仍然有在除夕吃过团年饭后封财门，让财宝蓄在家中，不许进出的习俗。旧时湖南，财务结算主要在端午、中秋和除夕三节，因此除夕也是一年之中催债、讨债的大日子。长沙城中还不起账的人，就要提前关财门。关了财门，门外门内的人都不许进出。在旧时，债主再强大，也不能与强大的民间新春习俗去对抗，否则在背后就会招人讥议，有理因无礼而变成了没理。

既有关财门，便有开财门。大年初一到，家家户户开大门。大门开处，人们见到的正是对面墙壁上昨夜封财门时所贴的『对我生财』『出门大吉』等红纸条。此时，千门万户鞭炮鸣放，可能会有一些不速之客，口中道着恭喜发财，或唱着恭喜发财的歌谣，来到主人面前将一张印着财神菩萨的红纸送给主人，讨要喜钱。

大寒

水泽腹坚

水泽腹坚。陈氏曰：『冰之初凝，水面而已，至此则彻，上下皆凝，故云腹坚。』腹，犹内也。

第七十二候　水泽腹坚

陈氏说：『冰刚刚凝结的时候，只不过是水面冻结了而已，到了这个时节就冻透了，水面和下层都冻结了，所以说腹坚。』腹，等同于内部的意思。

桃枝堪辟恶，爆竹好惊眠。
歌舞留今夕，犹言惜旧年。

岳州守岁二首（其二）［唐］张说

除夕最具代表性之一的民俗，便是燃放爆竹。诗人张说虽然生活在唐代，但这一习俗与一千多年后的今日并无太大差别。相传两千多年前先民便有烧竹作响以辟邪祟的传统，而随着火药的发明，这种习俗在湖湘地区很快发扬光大，形成了独特的制作和燃放花炮的习俗。据说花炮的发明者李畋便是唐初的浏阳人。花炮发明之后，迅速受到百姓的欢迎，很快传遍了湖南全境。诗人张说任岳州刺史时所见的节日胜景，正是这一历史的见证。

【鸟兽】 喜鹊

喜鹊，又名鹊、乌鹊、客鹊、飞驳鸟、乾鹊等，是鸦科鹊属的一种鸟类，广泛分布于欧亚大陆。

喜鹊是适应能力比较强的鸟类，在山区、平原栖息，荒野、农田、郊区、城市也能看到它们的身影，而在人迹罕至的密林中则难见本物种的身影。喜鹊常成群成对活动，白天在旷野农田觅食，夜间在高大乔木的顶端栖息。

喜鹊繁殖甚早，而历时甚久。喜鹊的巢均用枯枝搭建、黏土黏合而成。与乌鸦巢不同的是，喜鹊的巢并非皿状，而是具有顶盖的球状，在球状产房的侧面留出一到两个圆洞作为进出巢的大门，巢内垫以枯草、纤维等柔软材料。喜鹊每年均会营造新巢，并有营疑巢的习惯，即在它们真正使用的巢周围搭建很多并不使用的空巢，这种行为可能是对其他鸟类巢寄生行为的一种应对策略。

【农时】 茶树修剪

茶树修剪能培育良好的树冠和广阔的采摘面，是使茶叶高产优质的基本技术措施之一。根据茶树的不同生育阶段和目的，茶树修剪可分别采用以下三种方法。一是定型修剪。主要指幼龄茶园的修剪，台刈更新后的茶树也要进行定型修剪。二是整形修剪。通常是对青壮龄茶树而言，分为浅修剪和深修剪。浅修剪指每年在采摘面上剪去突出枝。每隔四至五年进行一次深修剪，将树冠表面以下七寸至一尺的部分剪掉。三是更新修剪。按茶树的衰老程度，分别采用重修剪和台刈两种方法。凡生长逐渐衰退、病虫害逐年增多、产量下降但骨干枝还有生产能力的茶树，可进行重修剪，剪去树高的一半或三分之二。凡极度衰老、经加强肥培管理仍不能恢复产量的茶树，可进行台刈，从离地面六寸高处，剪去所有枝叶。

【风物】苗族服饰

从古代到近代，苗族经历了几次大规模的迁徙，在此过程中形成了特殊的民族文化。苗族文化最鲜明最具体的表现就是其多姿多彩的民族服饰，其中又以苗族妇女的服饰最具代表性。

湘西土家族苗族自治州位于湖南省西北部，湘、鄂、渝、黔四省市边区。湘西苗族包含以『红苗』为主的二十多个支系，每一支系又包含若干亚支系，这就使得湘西苗族服饰显得格外多样，最终形成『一型』（湘西型）『三式』（花保式、凤凰式、吉泸式）的基本特征。湘西苗族服饰包括头帕、披肩、上衣、围腰、腰带、花带、裤、裙、绑腿、袜、鞋等，这些服饰上装饰有几何纹、动物纹、植物纹等几百种富于幻想、寓意深刻的纹样。湘西苗族服饰以纺织、印染、刺绣、织锦、挑花、数纱、蜡染、扎染等一套传统技艺制作，各种技艺均有独特的生产流程和加工方式。

【民俗】 拜财神

旧时，湖南的商贾贩卒、各行各业的工匠艺人，年节开工时都会首先祭拜财神。财神通常在民宅『家龛』上或商家行铺独设的『财神堂』里受纳牲香。又视各行习俗不同，分为文财神、武财神和五路财神。湖南民间以正月初五为五路财神诞日。清代蔡云在《吴觎》中曾有『五日财源五日求，一年心愿一时酬。提防别处迎神早，隔夜匆匆抢路头』之说。财神生日那天，各家、各行业都要举行迎财神仪式，以争先为利。每年年底，家家户户要『烧利市』，意为送财神上天庭诉说『贫富不均、利有多寡』等人间诸多不平事，以求来年『让利济贫』。祭祀供品多为羊肉、雄鸡、活鲤鱼、年糕等。将火燃于酒杯中供神，据说取『火酒活鱼』之意。送神时，把松柏枝架在芝麻秸上，加黄钱阡张元宝当院焚烧。凡接财神须供羊头与鲤鱼，供羊头有『吉祥』之意，供鲤鱼是取『鱼』『余』谐音以图吉利。接过财神，大家还要吃路头酒，往往吃到天亮。

《骑虎财神像》 徐悲鸿绘